挿花百規を愉しむ

乾

もくじ

【作品解説】
柴田英雄　瀬島弘秀　伊貝玉永
松永　滋　古川守彦　東　勝行
竹内稔晴　井上三郎　中村福宏
井口寒来　倉田克史

※一部、月刊誌連載、花展会場での作品キャプションを加筆・修正した解説を含みます。

池坊にとって『挿花百規』が果たした役割とは何か

柴田英雄

『挿花百規』は、生花の規範を示した図集として、刊行以来多くの門弟に読み継がれてきました。皆さんもご存じの通り、専定生花と生花正風体は、陰陽の設定や副の働きが異なるのですが、今なお大変な人気です。

『挿花百規』の序文には、いけばな界の乱れた花姿、行き過ぎた思想を正す目的で刊行したことが記されています。それはまた、華道の家元としての正統性を示すものとなりました。実に、これこそが『挿花百規』が果たした役割であり、愛され続けている理由ではないでしょうか。『挿花百規』には、いつの時代にも通じるメッセージ性があると思います。

『挿花百規』には、いき、うつり、はずみなどを持つ草木が描かれています。その一つ一つを言葉で説明することは難しいのですが、見ればわかるのです。この感覚は日本人特有のものかもしれません。見ればわかるといっても、それは部分ではなく、全体です。作品図を上から下に、下から上に。右から左に、左から右に。あるいは枝と枝との間、余白を見て。

面白い話を聞いたことがあります。日米で行われた実験で、美しいと思う動物をそれぞれの国民に尋ねたところ、アメリカでは「馬」や「ライオン」という答えがすぐ返ってきたといいます。一方の日本は、質問に対してなかなか答えが出ない。粘り強く聞くと、ようやく「夕暮れに飛ぶ鳥」などの答えが聞かれたといいます。すなわち、日本人は実体ではなく、状況を合わせ見て、美しいと感じているというのです。

従って『挿花百規』もまた、われわれは自ずと作品図全体から状況（いきやはずみなど）を読み、そしてそこから生じた感覚が心性に働き、自身が経てきた経験や知識に応じて新しい美の境地を捉えているのです。つまり、経験や時代に関係なく、見るたびに感動と発見をもたらす多様性を『挿花百規』は備えており、人それぞれに応じた美の在処《ありか》を示しているのです。従って、いつまでも飽きることなく見ることのできる作品の数々は、いつも美意識を高めてくれ、これが『挿花百規』の持つ力ではないでしょうか。

専定は、伝書「定式巻」に、

立花には七つ道具有り。枝数多く用うるなり。
抛入は是を略し。陰陽数弐本を躰とす。

また、伝書「生花巻」に、

一輪にて数輪に及ぶ道理なれば。
数すくなきは心深し。

と生花の本質を述べ、省略の極限を表すものだと言っています。ややもすれば省略し過ぎることもありますが、味も素っ気もないものになってはなりません。また、汲《く》めども尽きぬ味わいがなくてはなりません。ちょうど、絵や書の一筆書と同様、にじみあり、かすれあり、一線の中にも変化があるようなものです。これは、ただ省略すればよいのではなく、「一即多、多即一」を満たす「省略かつ十分」という、矛盾するようで矛盾しない省略の極限であり、これこそ『挿花百規』の教えなのです。

また専定は、

花に陰陽表裏兼る心得有るべき事

天地人　真添根〆　氵の心

という言葉を残しています。

花に「陰陽表裏」があるのは真理です。「天地人」は世の摂理であり、それを真・添（副）・根〆（体）にかたどることで生花の姿は成り立ちます。しかしその心は「氵」であるといいます。「氵（さんずい）」は水を示すと考えられます。水は常に水平を保ち、かつ、いかなる姿にも形を変えます。基準であり変化するという一見矛盾した内面が花の心であるならば、それもまた『挿花百規』の特徴といえるでしょう。

『挿花百規』の作品図の中には、陰陽二体で完結したものと、三体で完結したものの二通りがあります。このように、多様な作品があるのも魅力の一つです。陰陽二体から三体に変わる過程なのでしょうか。

『挿花百規』に学び、稽古を重ね、時折その世界に追いついたかと思うのですが、気が付けば『挿花百規』はまた彼方《かなた》へ行ってしまいます。道ははるかに遠く、まだ道半ばです。

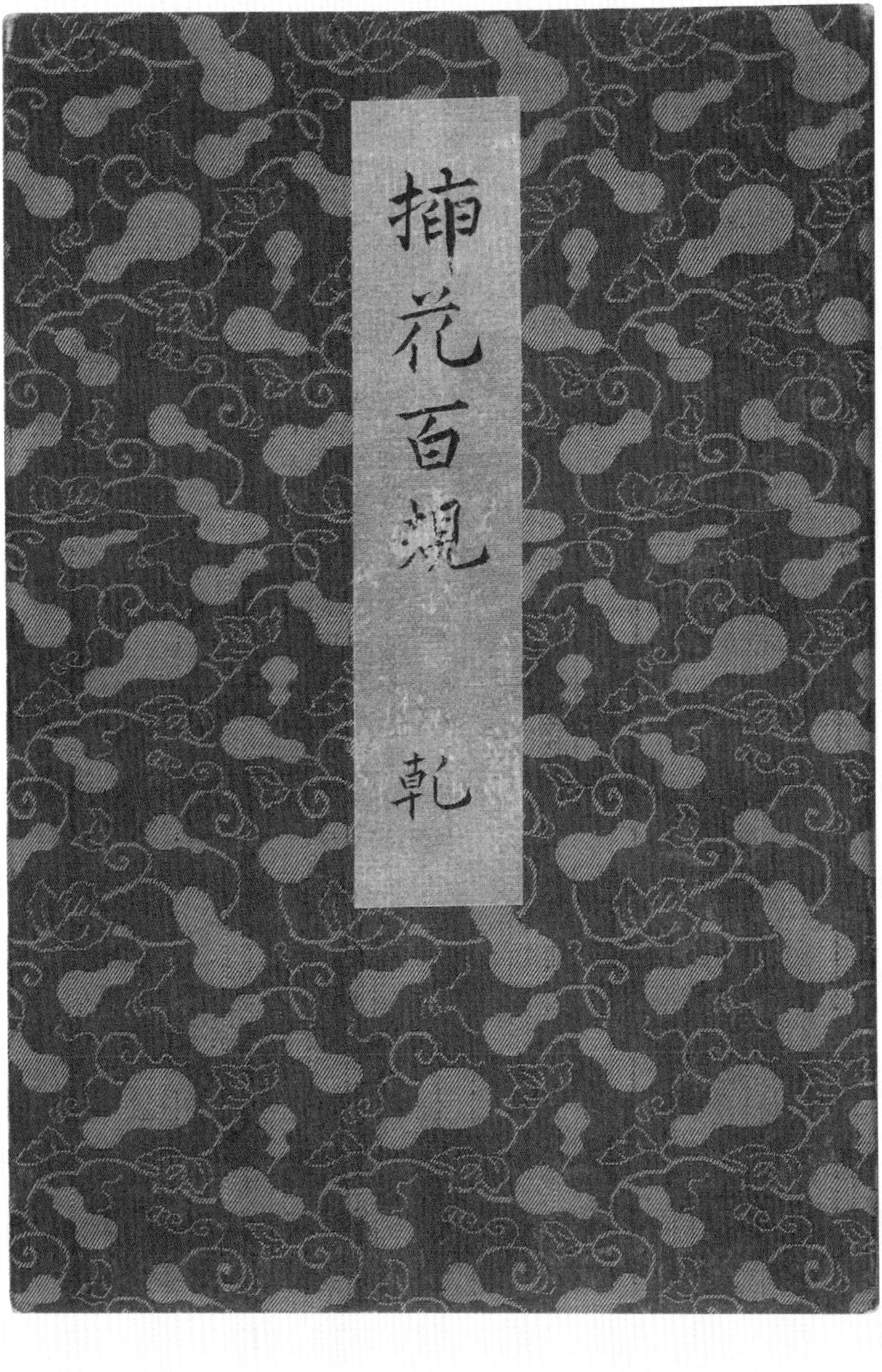
挿花百規
乾

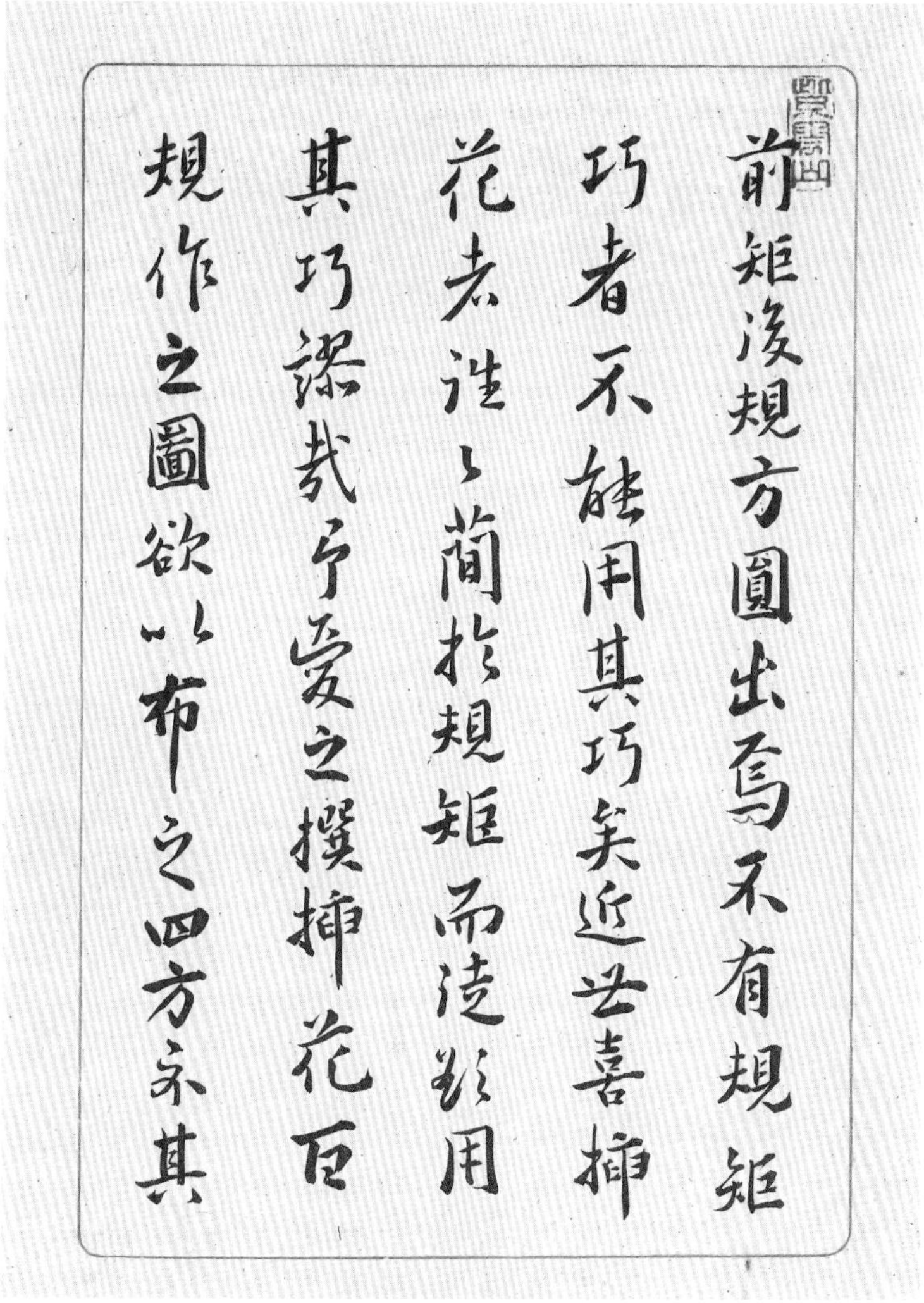
紫雲山
前矩後規方圓出焉不有規矩
巧者不能用其巧矣近世喜挿
花者往々簡於規矩而徒欲用
其巧謬哉予憂之撰挿花百
規作之圖欲以布之四方示其

（紫雲山）
前矩後規方圓出焉不有規矩
巧者不能用其巧矣近世喜挿
花者往々簡於規矩而徒欲用
其巧謬哉予憂之撰挿花百
規作之圖欲以布之四方示其

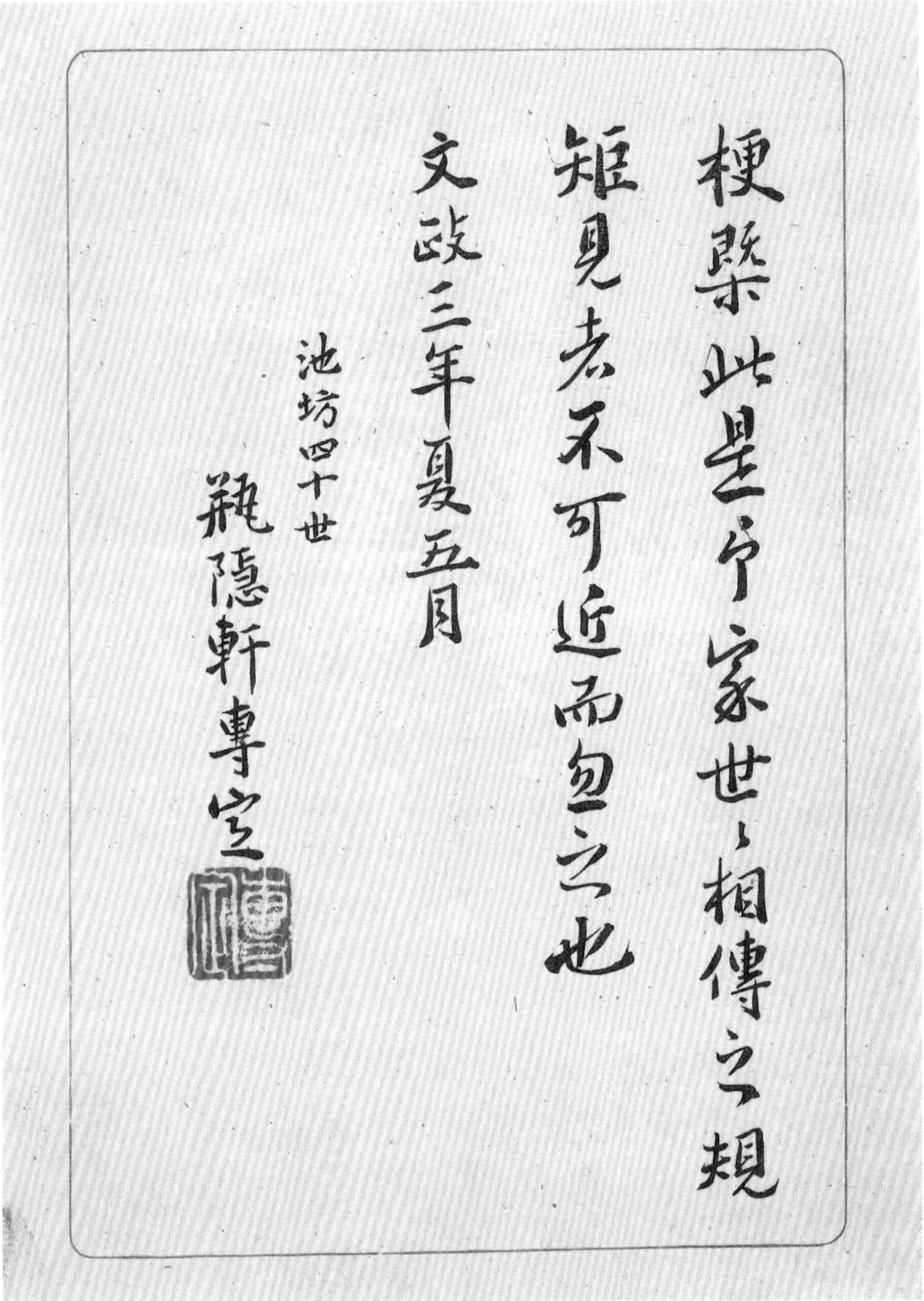

梗槩此是予家世々相傳之規
矩見者不可近而忽之也
文政三年夏五月
池坊四十世
瓶隠軒専定（印）

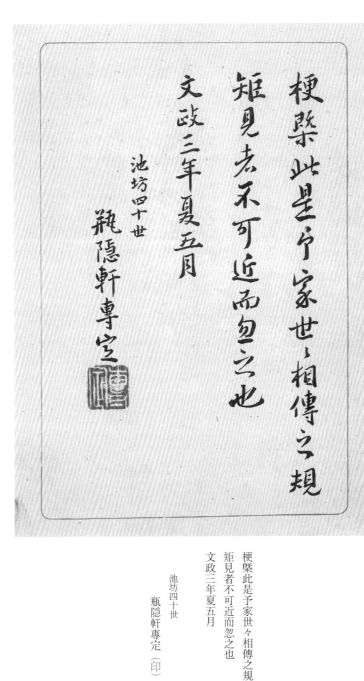

【一図】菊

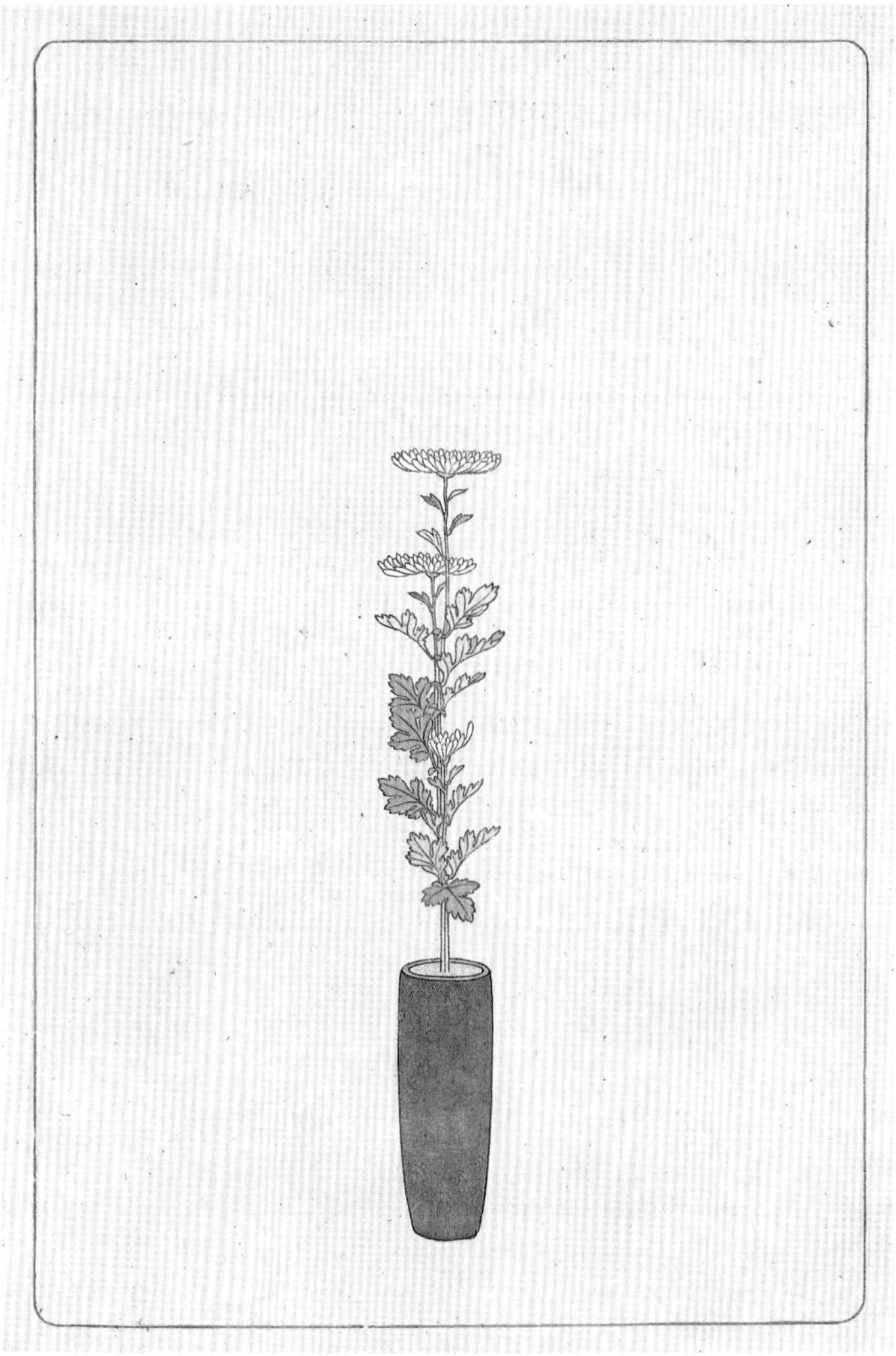

直立する真の姿の作品。あらゆる変化に応じて展開する基礎の花と考えられます。

専定の残した記述に「花に陰陽表裏兼る心得有るべき事　天地人　真添根〆〻の心」とあり、陰陽表裏の理を根底に、天地人、三格三才が生花の基本としています。

真の器に菊が素直にいけられ、水際の一枚葉で全体が引き締められています。

瀬島弘秀

【二図】松　小菊

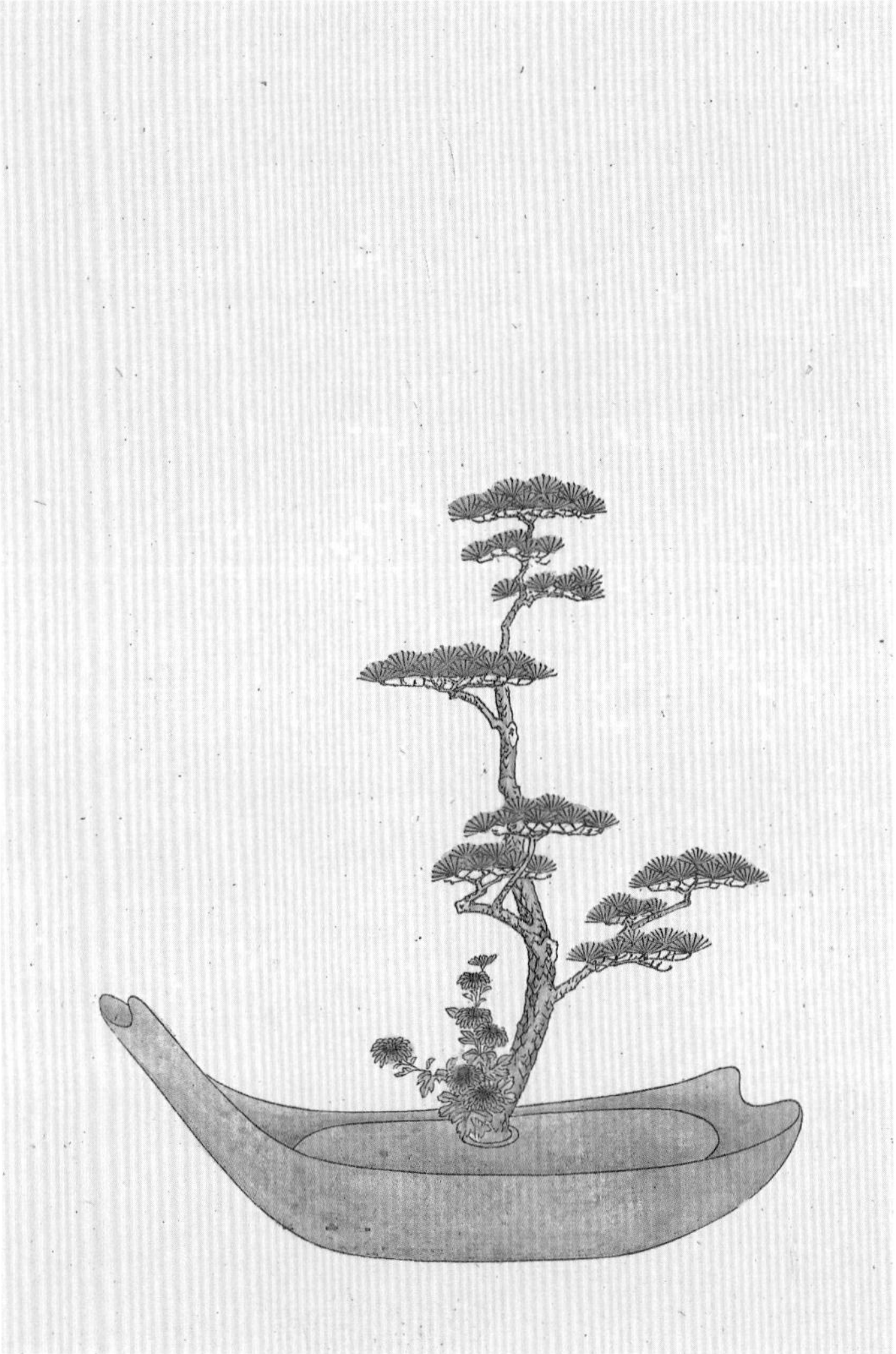

『挿花百規』では、船の姿の作品を伝えています。この作品は泊船です。

銅製の「平太船」と呼ばれる器にいけられており、力強く風情ある松と小菊の二種生としています。今日の泊船のいけ方とは異なり、舳先とのバランスを取ってのことか、副を船尾の方へ出しています。

下段の小菊により、全体の安定感が得られています。

伊貝玉永

【三図】万年青

万年青は、陰の季節の実物で、次々と生じる葉が子孫繁栄を暗示し、祝儀に好んで用いられます。

この作品は、立葉が露受葉と向かい合わずに後ろあしらいと向かい合い、露受葉は真の前のあしらいと向かい合っています。前葉には破れた葉が用いられ、大小・新古それぞれの葉の表情の違いが生かされています。

生き生きとした伸びやかさが感じられる、魅力ある作品です。

井上三郎

【四図】梅　千両

勢いよく伸び立つ真。その真に、より勢いを付けようと働く副。

それは、富み栄えることを祈念しているようにも感じられます。千両の表情も良く、白梅との色の対比によって、互いを生かし合っています。これが二種生の妙味といえるでしょう。

中墨へと曲がりを戻した真の先が、再び陽方へと向かう姿勢に、生命感が表れています。

古川守彦

【五図】狗子柳　小菊

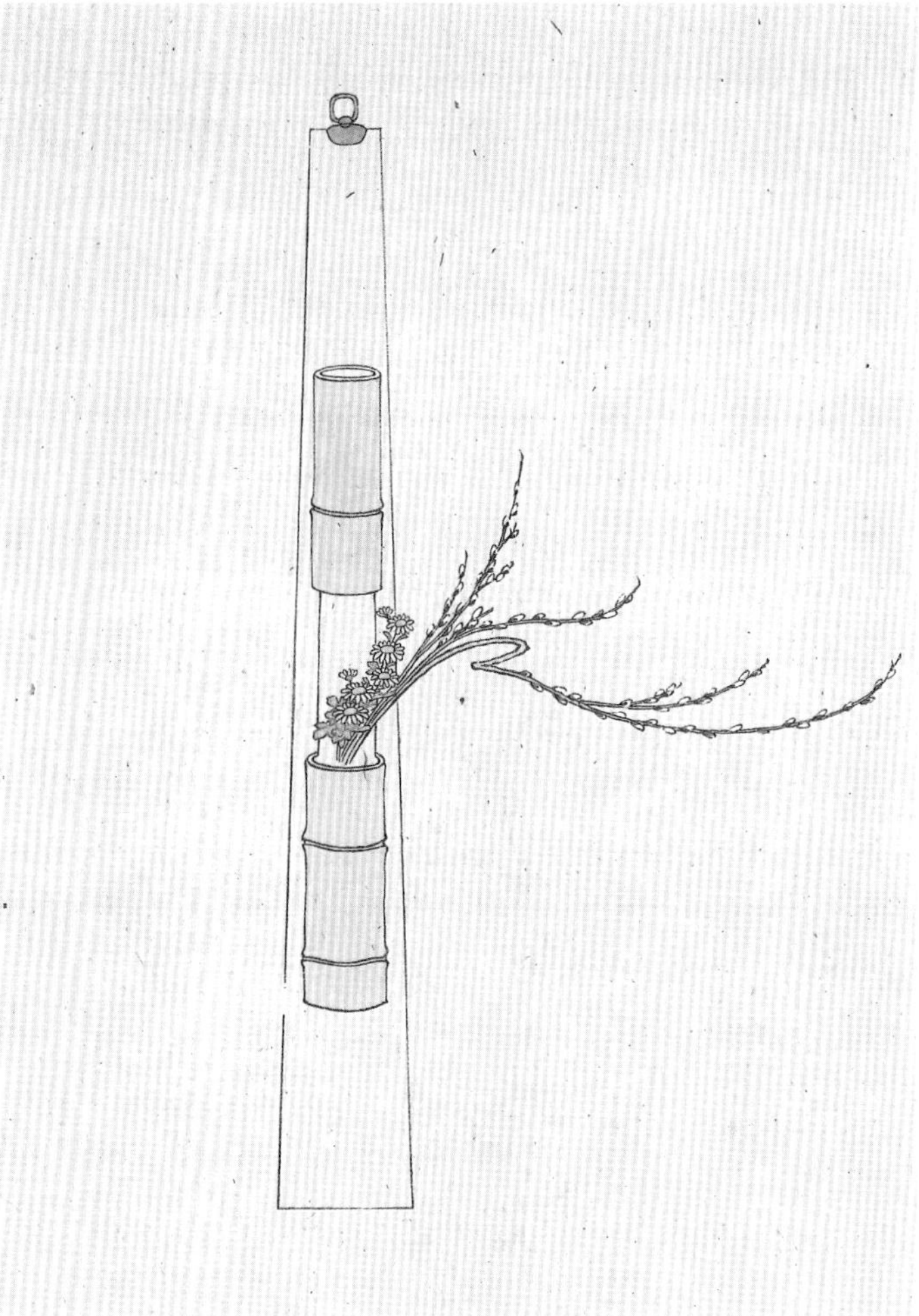

環境に対応する草木の姿が、簡潔な姿勢の中に巧みに写されています。
何かの試練を受けたのであろう、折れ曲がってもなお、明日に向かって成長し続けようとする姿を、二重切片窓の花器を用いて見せています。
機に臨んで無限の変化を生んでいく作者の非凡な才能を知る一作です。

柴田英雄

【六図】牡丹

牡丹は花王ともいう徳を持ち、珍花として扱います。この華麗な美しさを表すために、今日に伝わる伝承がありますが、『挿花百規』の牡丹は、定法では蕾一輪、開花一輪で整えるところ、花三輪が用いられています。形より姿が重視されているのでしょう。

開花を低く、蕾を高く扱う点は伝書の「牡丹」と共通しており、出生を基本とする姿勢は変わりません。

中村福宏

【七図】燕子花

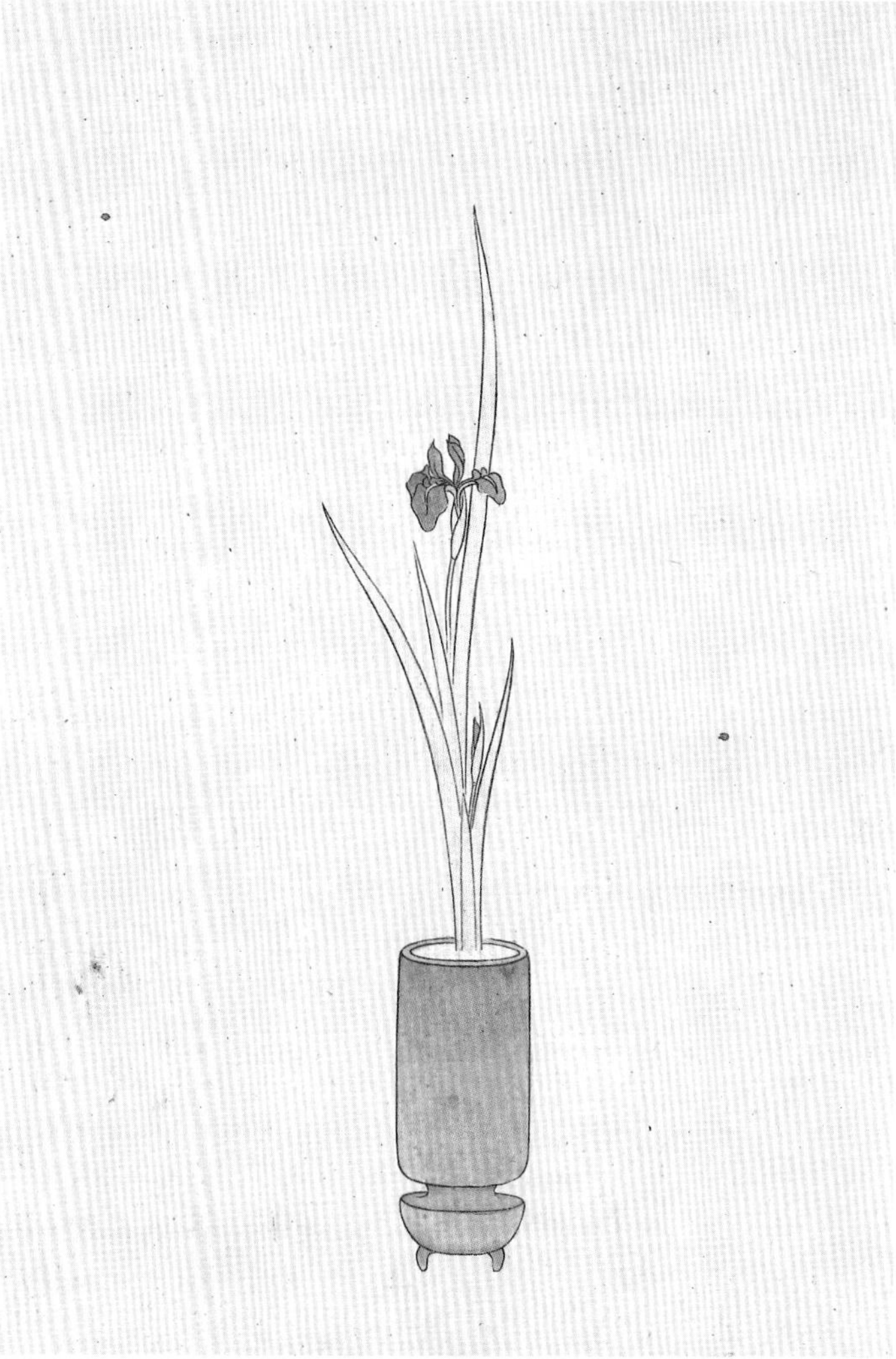

花二輪と葉五枚の最小数でいけ表した初夏の燕子花です。

水際の水切葉と蕾で体とし、前副の葉と真の前の葉を組み合わせ、真の後ろに使った伸びやかな一枚葉で開花をよく見せています。

単調な筒型ではなく、深いくぼみのある花器を用いたことで、引き締まった印象を与えています。

井口寒来

【八図】水芭蕉

初夏の高原では、発芽直後の葉間の中央から、純白の仏炎苞を開いて群生する水芭蕉を見ることができます。

夏場にかけて大きく成長した葉陰から苞をのぞかせることで、心中にある情景へと見る者を誘います。

水盤を用い、水面を広く見せることで、湿原の風景を想起させます。

倉田克史

【九図】

燕子花

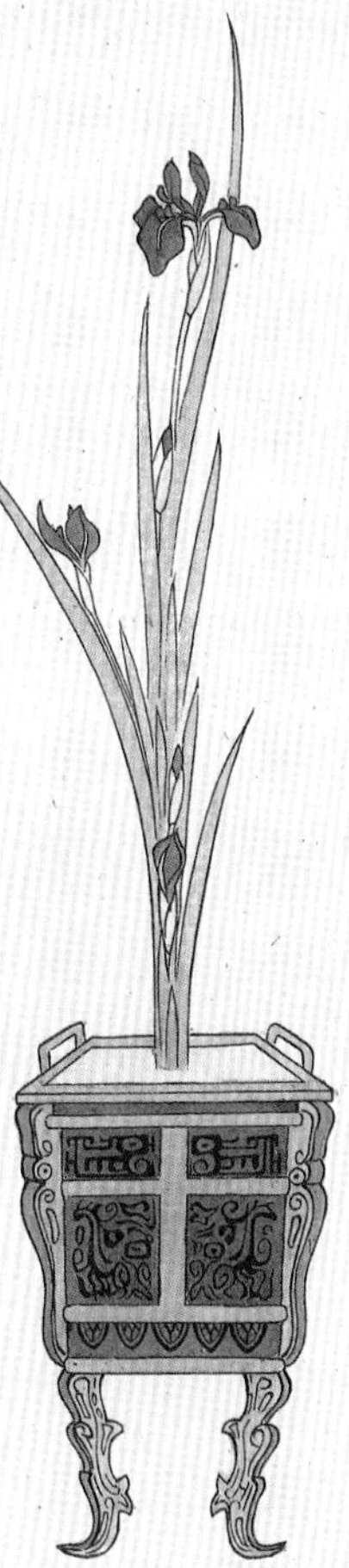

真の開花は満開で、一つの花弁が葉と交差することで、力強く立ち伸びる姿が感じられます。続いて、中開きの花、蕾がそれぞれ副と体に配され、成長とともに花咲く時間の流れを見るかのようです。

体をなす、みずみずしい一枚の葉がわずかに陰方に出ることで、左右の均衡が保たれています。

水際に見えるかきつばたのわずかな一枚が、次々と生まれ出る生命を思わせます。

瀬島弘秀

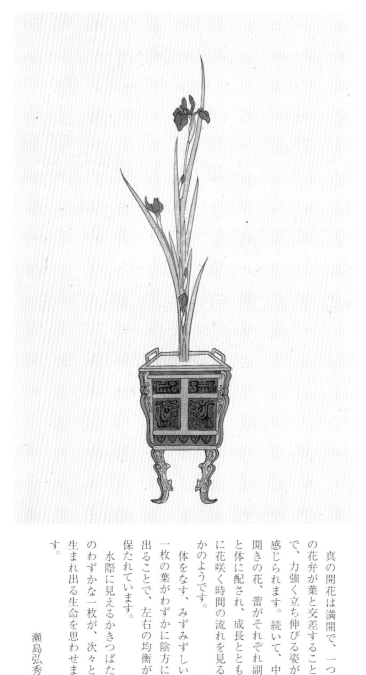

【十図】藤

釣り船の作品です。流れる枝の向き、舳先が右を向いていることから入船であることがわかります。

作品は、伸び上がろうとする帆形の枝と、花房の重みで垂れ下がった櫓形の枝の呼応が、藤の持つはずみを巧みに表現しています。航海する船の風情が藤の花の美しさとよく調和しています。

伊貝玉永

【十一図】

梅　福寿草

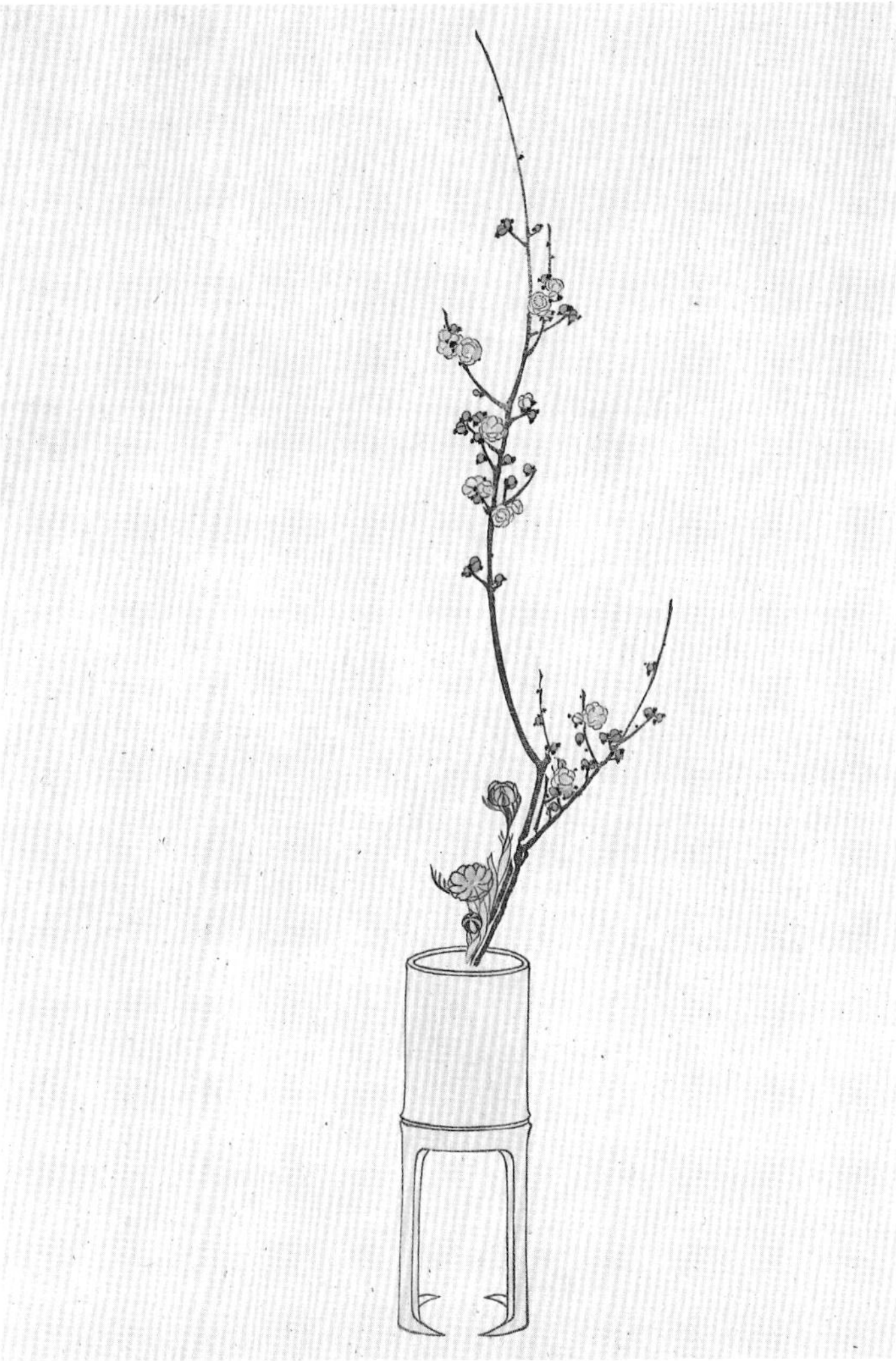

真と副の自然に作られたカーブと、程よく群がって付く花には作為の跡が感じられず、おのずから生花の型にはまっています。根〆の花も、真の動きに誘われるかのように伸び出した姿勢を取っています。

伸び出た真の梢の先に、高く澄み渡る青空が見えるようです。

柴田英雄

【十二図】柳　小菊

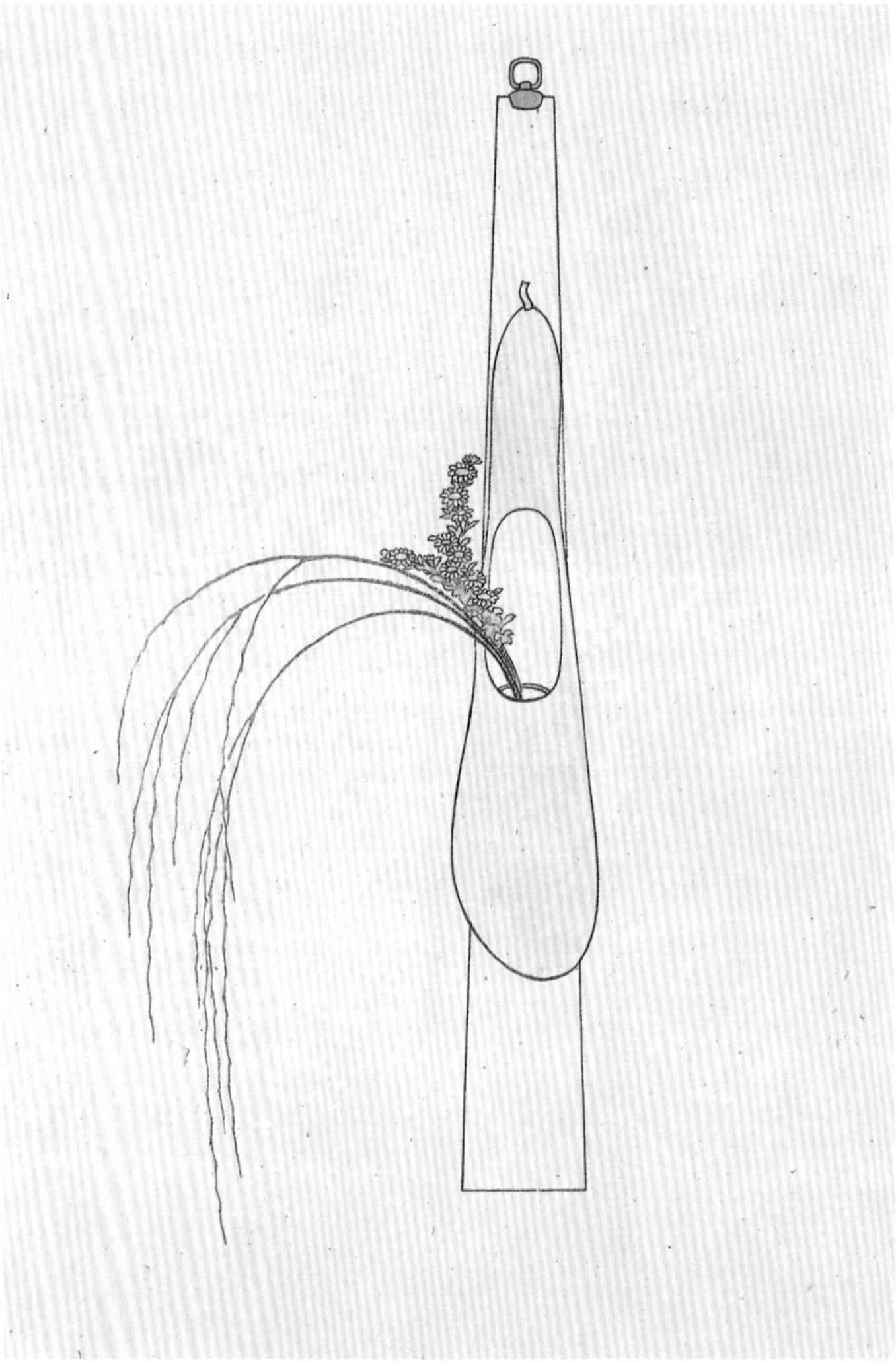

『挿花百規』には枝垂柳の作品が三作あり、うち二作は大木になる枝垂柳を一本で用いており、それぞれ椿と葉ぼたんを根〆とした置き生です。

この作品は、垂撥に瓢《ひさご》の花器を用いた向掛の花です。今日の掛けの生花正風体は、垂れる真、上方に働く副、根〆という三枝のバランスにより成りますが、この作品の魅力は、太幹を用いず二〜三本の細い枝を垂らし、小菊の立ち昇りでバランスが取られている点です。

松永滋

【十三図】紫木蓮

『挿花百規』には、紫木蓮が二図、白木蓮が一図あり、それぞれの一枝一葉から明確な意思が受け取れます。

この作品からは、天をつかもうとする気を感じます。秩序に従って成長を続け、雄大な自然との調和を図る気概が一瓶に現れています。

植物のその姿勢、生命の発露を感じることこそ、いけばなの楽しさであり、われわれは枝葉にこもるそれらの気を、生きる力としてもらっているのでしょう。

竹内稔晴

【十四図】だんどく

江戸時代の初期には日本に入ってきていたというだんどく。籠に陰陽二体の姿でいけられています。

この互いに見つめ合い、語り合うような様子に心惹かれます。

腰を低く取り、下段に第二枝を添わせたことで第一枝が伸びやかになり、初秋を感じさせます。

専定生花の特徴として、真が右へ左へ撓《しな》う姿を見せるものがあります。太陽に向かう植物の性状をよく捉えての表現です。

古川守彦

【十五図】ふとい　燕子花

立花の「七九の道具」の拵《こしら》えをもとにいけられた作品に見えます。

ふといの真に、燕子花を副と体に配置して、真のあしらいはふとい（副請・胴）で、副のあしらいもふとい（控枝・前置）の株で構成されています。

いけばなは出生を尊ぶものです。草木本来の、地の美しさを生かすということではないでしょうか。

東　勝行

【十六図】竹　梅　燕子花

三種の草木を見事に取り合わせた作品で、優れた花材バランスの妙がうかがえます。様子の異なる竹のまとまりが、竹林を見ているかのようです。

垂れ下がる竹の葉と、強く伸び立つ梅の梢。この相反する動きが、竹の直幹を挟んで均衡する素晴らしい構成です。燕子花を添えることで、水際付近に柔らかい風を呼び込んでいます。

中村福宏

【十七図】

桃　ふきのとう

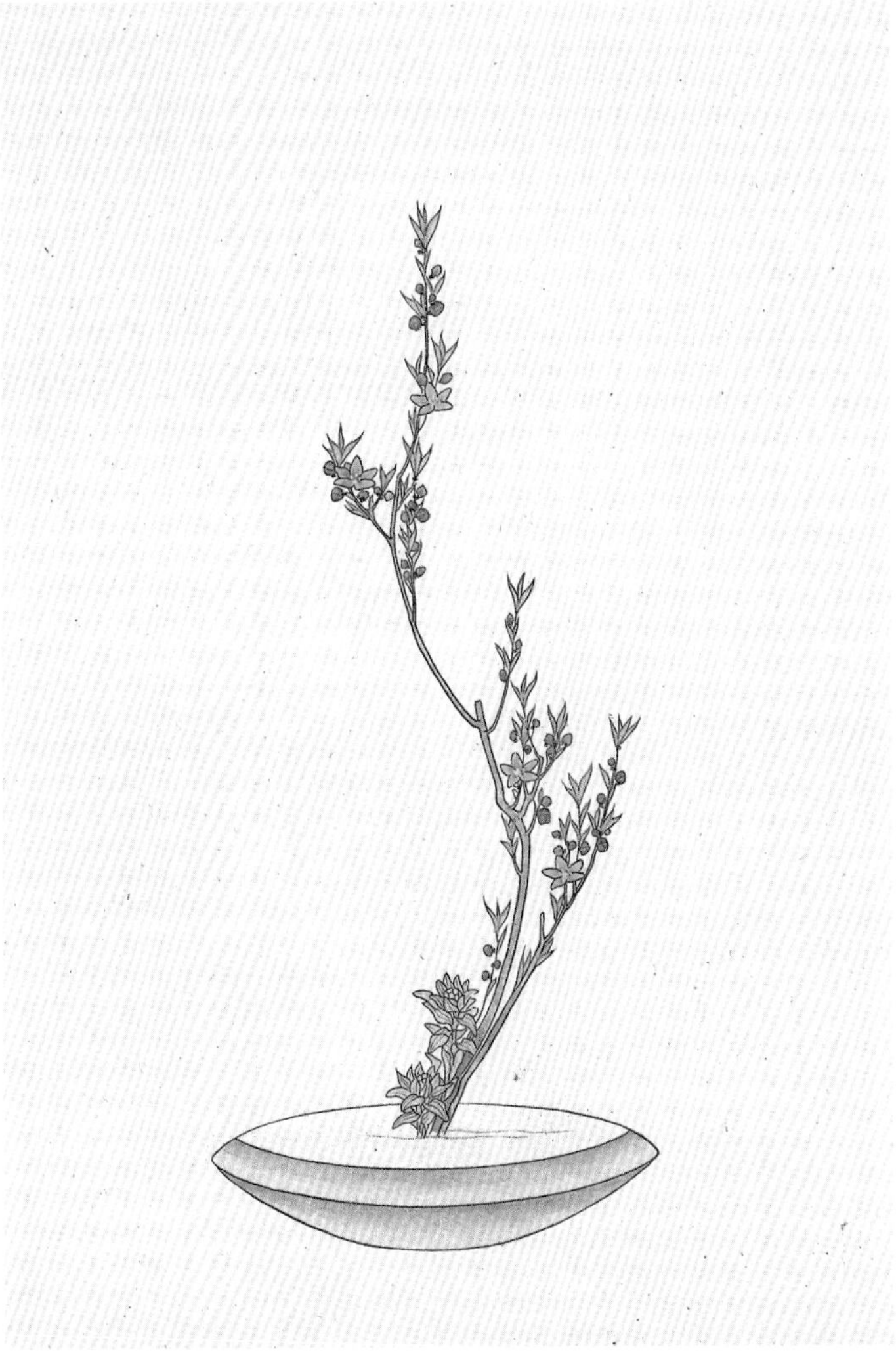

『挿花百規』の時代の広口花器の用い方は、今日の草の花形と同じではありません。また、四十図、四十五図、六十五図、九十図、九十四図の作品の水際には石が置かれていますが、この作品や三十七図には用いられていません。今日の生花正風体での石の役割は、水陸生に限って、陸物の前に置くことで陸地を表すこととなっています。

極限まで下げられた水際が、水面の広さを強調しているようです。

松永　滋

【十八図】あざみ

あざみは、葉を多く見せ、適所に働くようにいけます。
　この作品はその極みで、二枝による陰陽二体の構成でありながら、一枚の葉を副の位置に配することで、うまく律を保っています。ただ、その働きが絶妙で、副はずしのようにも見えます。
　下膨れの籠と花が作る三角形の空間に、枝葉がうまく調和している様子が見どころです。

井口寒来

【十九図】白木蓮

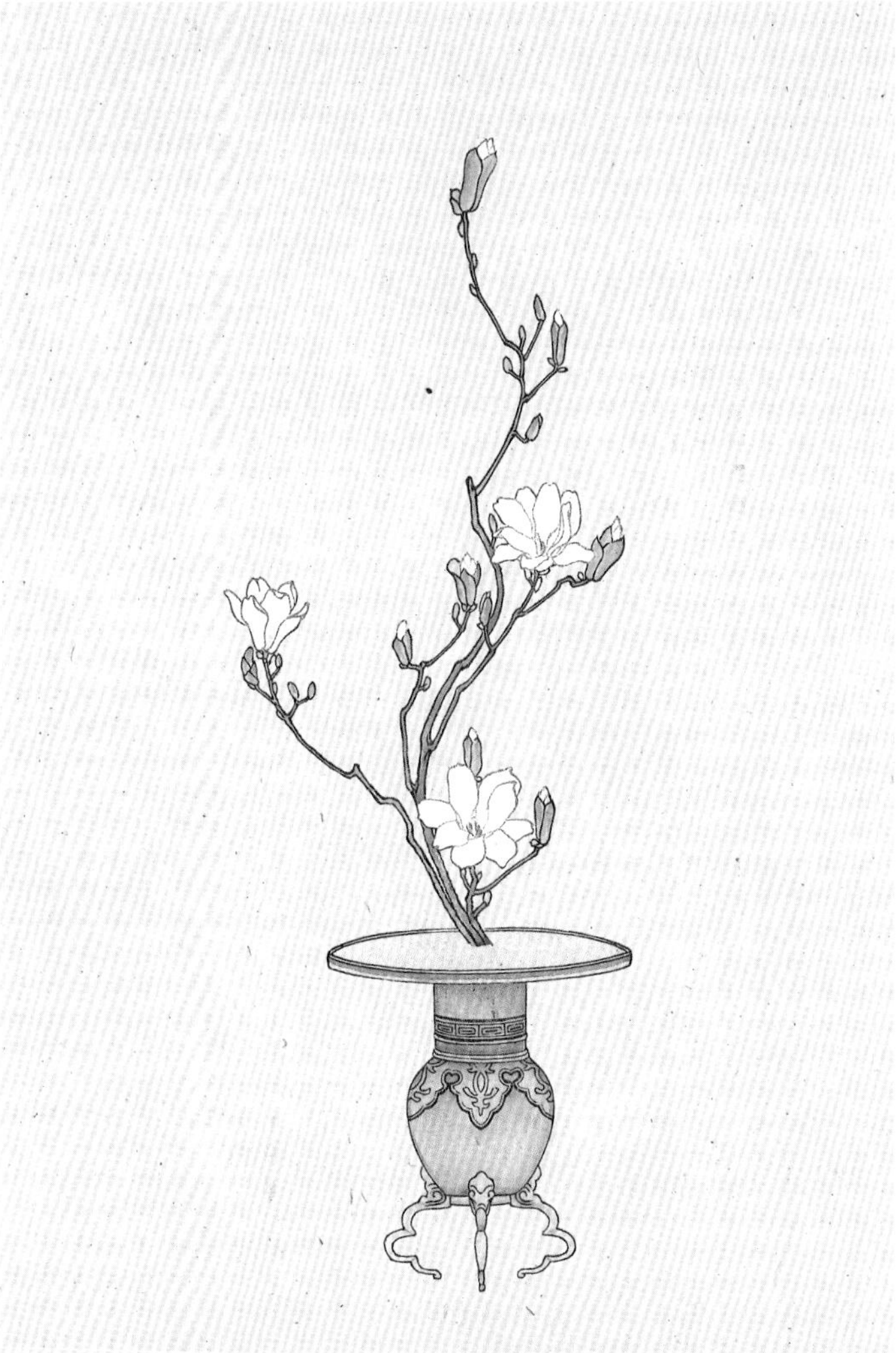

撓めることが難しい白木蓮の枝の屈曲と、花同士の間の変化をさりげなく生かし、下段に重心を置くことで上方へ生成する気勢が春の陽気を感じさせます。

穏やかにいけ表されていることから、江戸時代に渡来したとされる白木蓮に対する、新鮮な感動があったことがうかがえます。付き枝のさばきが絶妙です。

倉田克史

【二十図】燕子花

水辺を思わせる水盤に三株でいけた作品です。水面から顔を出してこれから天を目指す燕子花と、すでに高く立ち伸びた燕子花。一方はかわいらしく、もう一方はきりりと立ち伸び、その凛とした表情から作品の背後に流れる時間と水辺の情景が感じられます。

一番左の小さな一枚の葉は一見不要に思えますが、指で隠して見てみると、やはり必要な一枚です。

瀬島弘秀

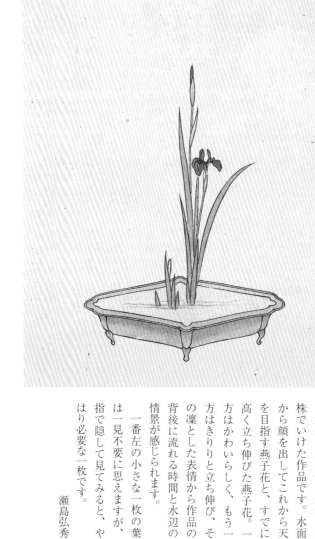

【二十一図】葉蘭

葉蘭は床の花にはせず、もっぱら稽古花とされます。
作品は九枚の葉数でいけられており、うち一枚は巻いた葉が用いられています。
陰陽表裏が学べる格好の花材で、これにより『挿花百規』作品の特徴である、前副の姿がよくわかります。
味わいのある葉の扱いに、作者の技量の高さが表れています。

伊貝玉永

【二十二図】菊

手付きの籠に、赤白二色の菊を五輪いけた作品です。
　菊は秋の花材として一種生としたり、二種生の根〆に用いたりすることが多く、『挿花百規』にもそれらの作品が多数収録されています。
　真の動きは中墨を外れていますが、前に出ている副の赤い菊との呼吸が良いことと、陽方に出た真のあしらいである白い菊が空間によく効いている作品です。

松永滋

【二十三図】ゆり

山の斜面に育ったゆりでしょうか。日ごとに伸びる茎は、自分の重みに耐えかね、横へと靡《なび》く姿勢を作っています。やがて蕾を付け、立ち伸びようとする姿は、生きている証しを見せているようです。
作品は、垂れるゆりの動きを船の櫓に見立てていますが、全体に目を向けると、二重切の上の重にいけるような、懸崖の姿にも見えます。

古川守彦

【二十四図】

蘭　あざみ

蘭の葉七枚を使った作品で、緊張感の中にも柔らかさが感じられる作品です。
しなやかな蘭の葉に、色鮮やかなあざみを根〆にしています。
真の長さに対して、副を低く用いることによって、真の伸びやかさを一層引き立てています。
絵図からは、真と副それぞれで葉を和合させているように見えます。

東　勝行

【二十五図】山吹

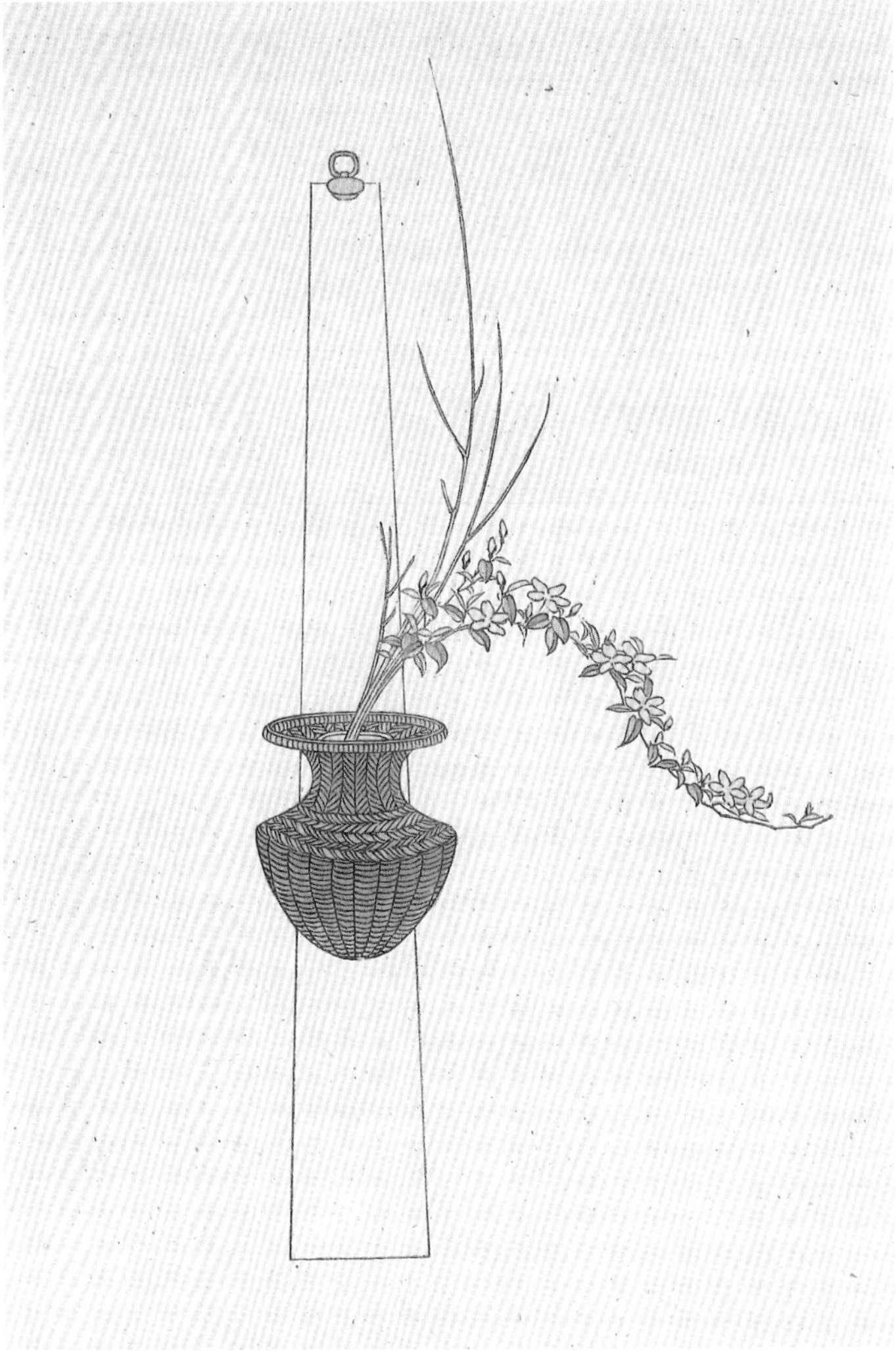

わずか数本の、極めて少ない枝で構成され、「一輪にて数輪に及ぶ道理なれば、数すくなきは心深し」の言葉が想起される作品です。

徹底して省略の極限に至っており、副の枯れ枝が真の花を強調する一点集中的な手法でありながら、枯れ枝を残しつつ、新しい枝を叢生する山吹の出生も表しています。

一瓶の内に、来《こ》し方行《ゆ》く末、変転する命について考えさせられます。

柴田英雄

【二十六図】菊

陰陽二体からなる生花です。第一枝の陽（ひざし）を求めて浮遊するかのごとく斜めに伸び立つ姿に、草木の鼓動が聞こえてきそうです。

第一枝の動きを引き止めるべく第二枝の力強いボリュームと、後ろに立つ蕾の働きが絶妙で、第一枝の息づく姿を印象付けています。

もし、この蕾が少し長かった場合、あるいはなかった場合は、作品の狙いが大きく変わるでしょう。

柴田英雄

【二十七図】秋海棠

わずか数枚の葉と一本の花で構成され、風の一瞬を捉えたかのような風情が感じられます。

左に大きく大胆に傾く真の靡きを追いかけるがごとく、嫋《たお》やかにはずむ副の花の撓《たわ》みに、草木の命の鼓動が聞こえてくるようです。

葉の大小とその配置が織りなす間の美しさに、作者の豪放にして繊細な人物像が浮かんできます。

柴田英雄

【二十八図】

柳　葉牡丹

一本の枝の中から必要な部分のみを残し、他を切り捨てることによって、一本の小枝を大木としてよみがえらせるのが、いけばなです。小にして大を、瞬時を永遠に表現する、まさにこの作品がそれを表しています。

柴田英雄

【二十九図】萩

わずかな枝葉が抜群の働きをなしている味わい深い作品です。

　省略し尽くし、その先に生まれ出る表現は、日本芸道の真骨頂ともいうべき技です。象徴力そのものであり、俳句などとその特徴が似ています。〝一花百花の装い〟とはこのことでしょう。

　作品を見ていると、ふと「一つ家に遊女も寝たり萩と月」という芭蕉の句が思い出されます。

柴田英雄

【三十図】 芭蕉

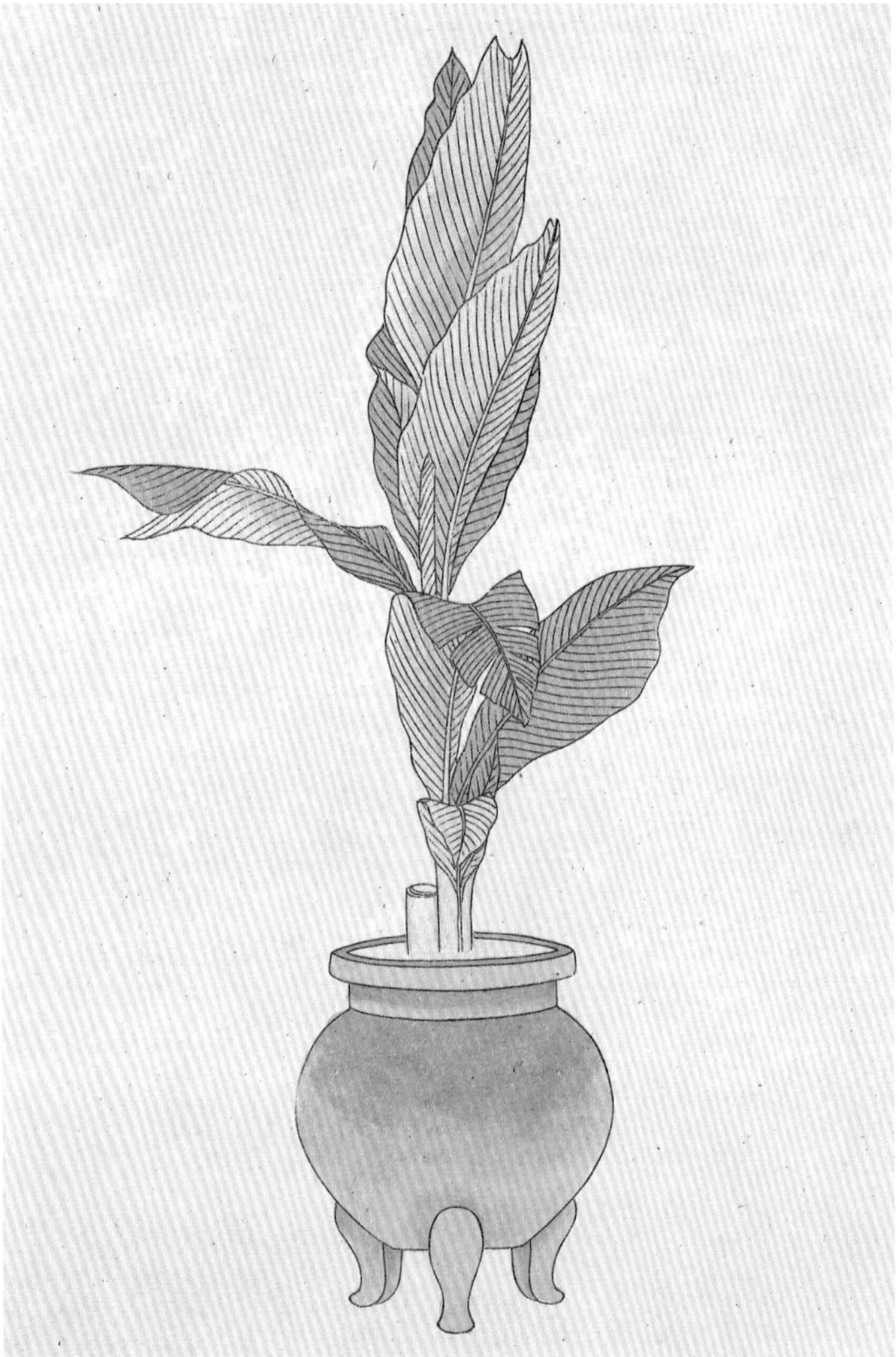

　土器の力強い花瓶に芭蕉が三株でいけられ、中心の葉は勢いよく立ち昇っています。
　中段の葉は垂れ、爽やかな風に揺れる様子を感じさせながらも、強風によって破れたかのような葉先が、自然の力を表しています。この感覚は、「風叩」として伝書で受け継がれています。
　株を途中で切り、その切り口を見せる手法は、砂之物の胴木に通じます。

竹内稔晴

【三十一図】撫子

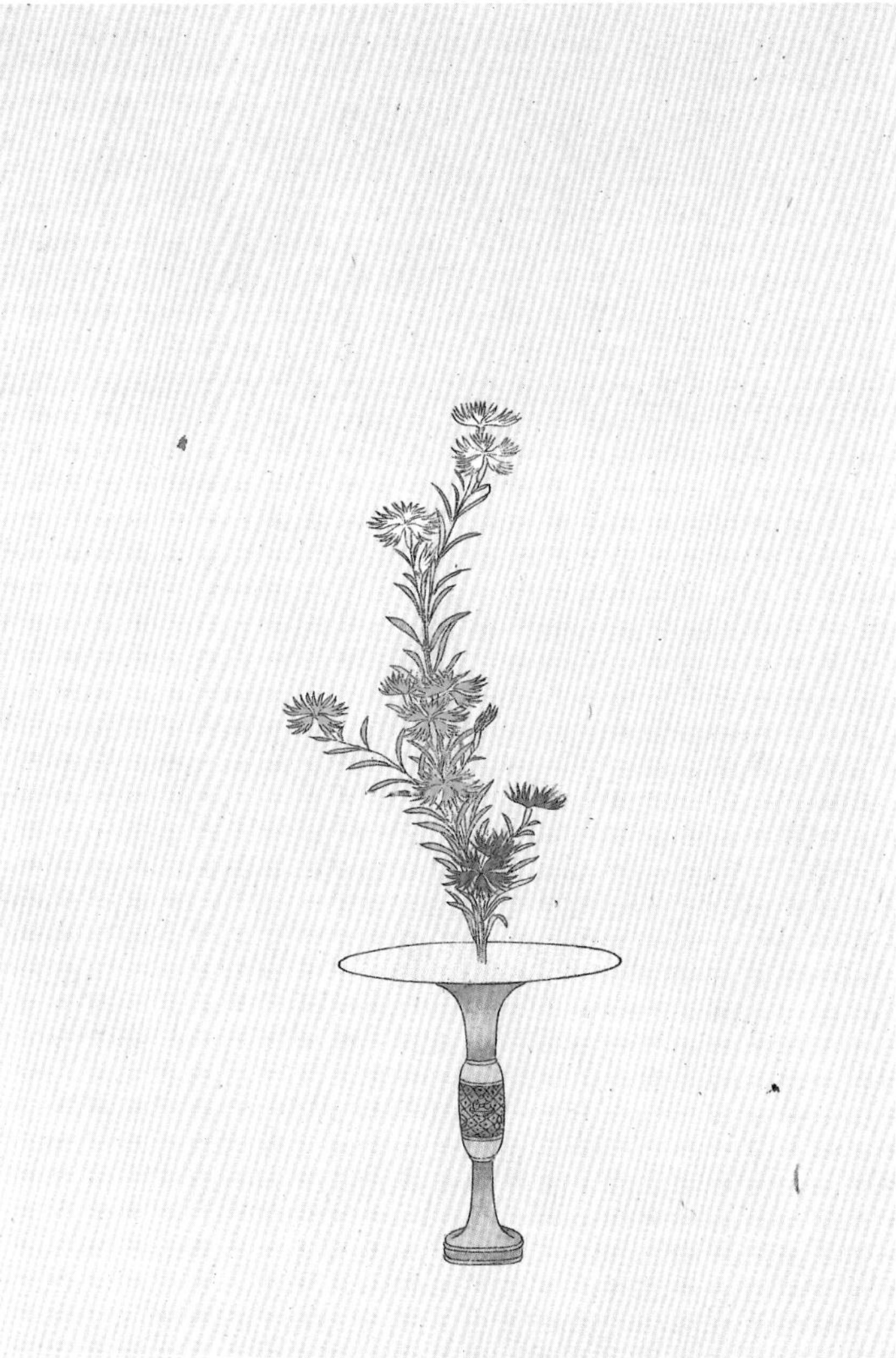

撫子の生花は、ひと色だけでいけるものだと思いますが、この作品は白を真に用い、ピンクを中段に配して前副とし、赤を根〆として引き締められています。これは実によく考えられた色の配置で、色の濃いものを下段に持ってくることで作品全体が安定して見えます。

野山に乱れ咲く撫子の情景が思い起こされます。

井上三郎

【三十二図】紅葉

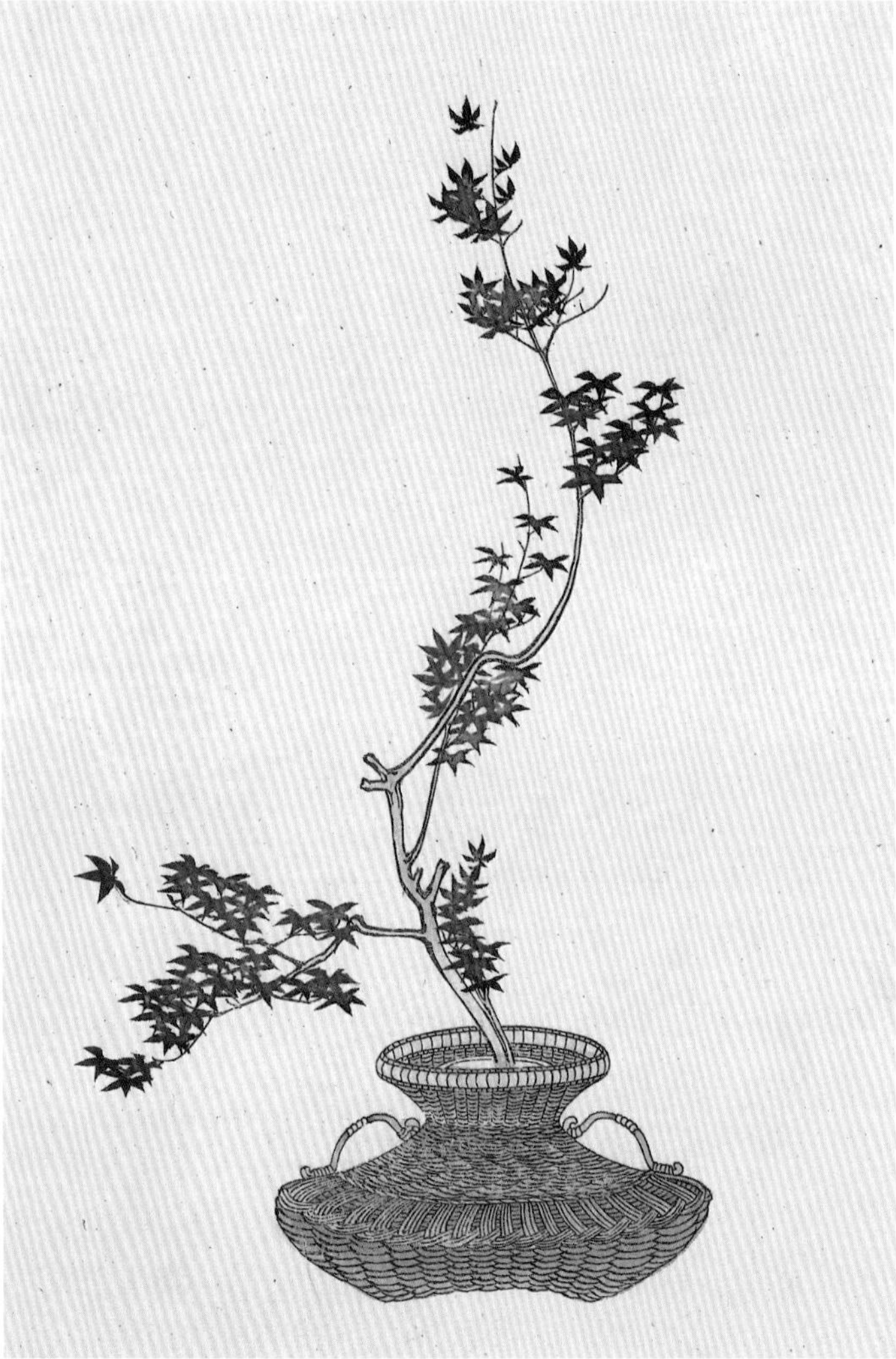

秋の紅葉の美しさを、真・副の二本の主枝でよく表しています。緩いカーブを見せて立ち伸びる真の枝。はらはらと葉を散らすかのようになびく副の枝に、かえでの性状がよく表れています。

真・副の呼応の妙と、水際に添えられた体の小枝、かすかにたわむ水際のカーブに表れた器から花への命の移行（うつり）は絶妙です。

柴田英雄

【三十三図】山茱萸　椿

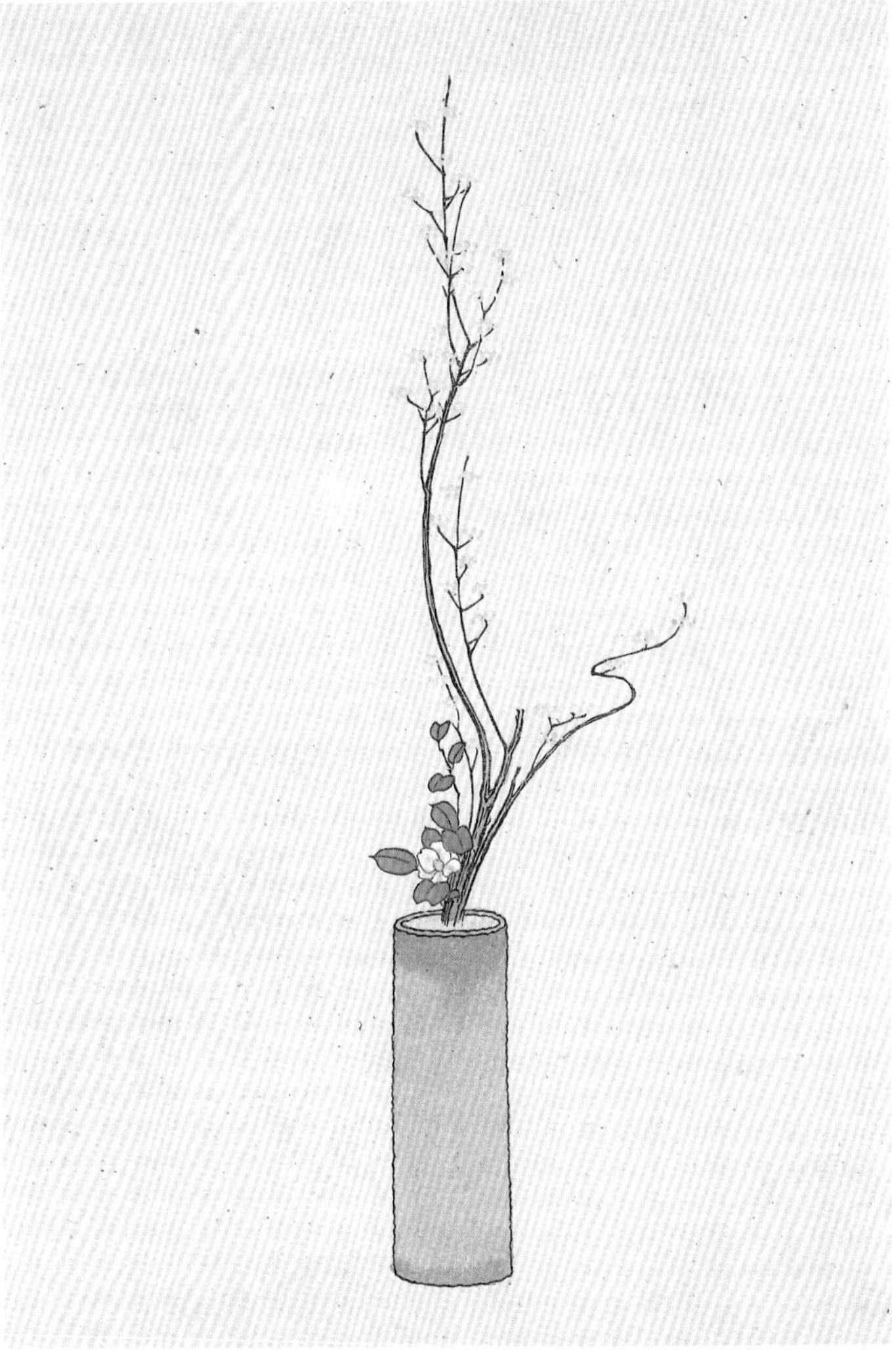

低い腰から分かれる付き枝を生かし、すらりと立ち伸びる真は、正風体の真とは異なる美しい動きを見せます。また、水の流れを思わせる副の枝が、真のはずみに対応しています。

低く用いられた椿の根〆は、真の伸びやかさをより一層際立たせています。専定生花では真・副の水際を見せ、根〆を陰方に寄せて挿していることが多いようです。

竹内稔晴

【三十四図】

椿

釣り船にいけた椿の一種生です。生花が抛入といわれていた時代にはもう、釣船に帆掛船の花形は考案されていました。

絵図では、真をもって帆形をかたどり、根〆が櫓形を示しているように見えます。椿は一枝で整えられているようで、開花も一輪であることから、省略による美しさが際立っています。

東 勝行

【三十五図】とりかぶと

舞楽の楽人がかぶる「鳥甲（とりかぶと）」に花が似ていることからその名が付いたというとりかぶと。美しい紫色の花を付けたわずか二本の枝で律が整えられています。

また、真に開花を用い、付き枝の蕾を生かして、副はずしの心で扱われています。中段から下段へは葉をうまく見せ、体先へとつなげることで全体がまとまっています。

中村福宏

【三十六図】黍　小菊

黍の描くおおらかなカーブは、伸び伸びとした成長を感じさせます。
生花の美しさは、草木の見せる成長の意思と、環境が成長に及ぼすひずみとの絶妙なバランスにあります。外からの力に打ち勝って成長をやめない意思を見ることは、生きとし生けるものの共通の願いにつながっています。

柴田英雄

【三十七図】

連翹　水仙

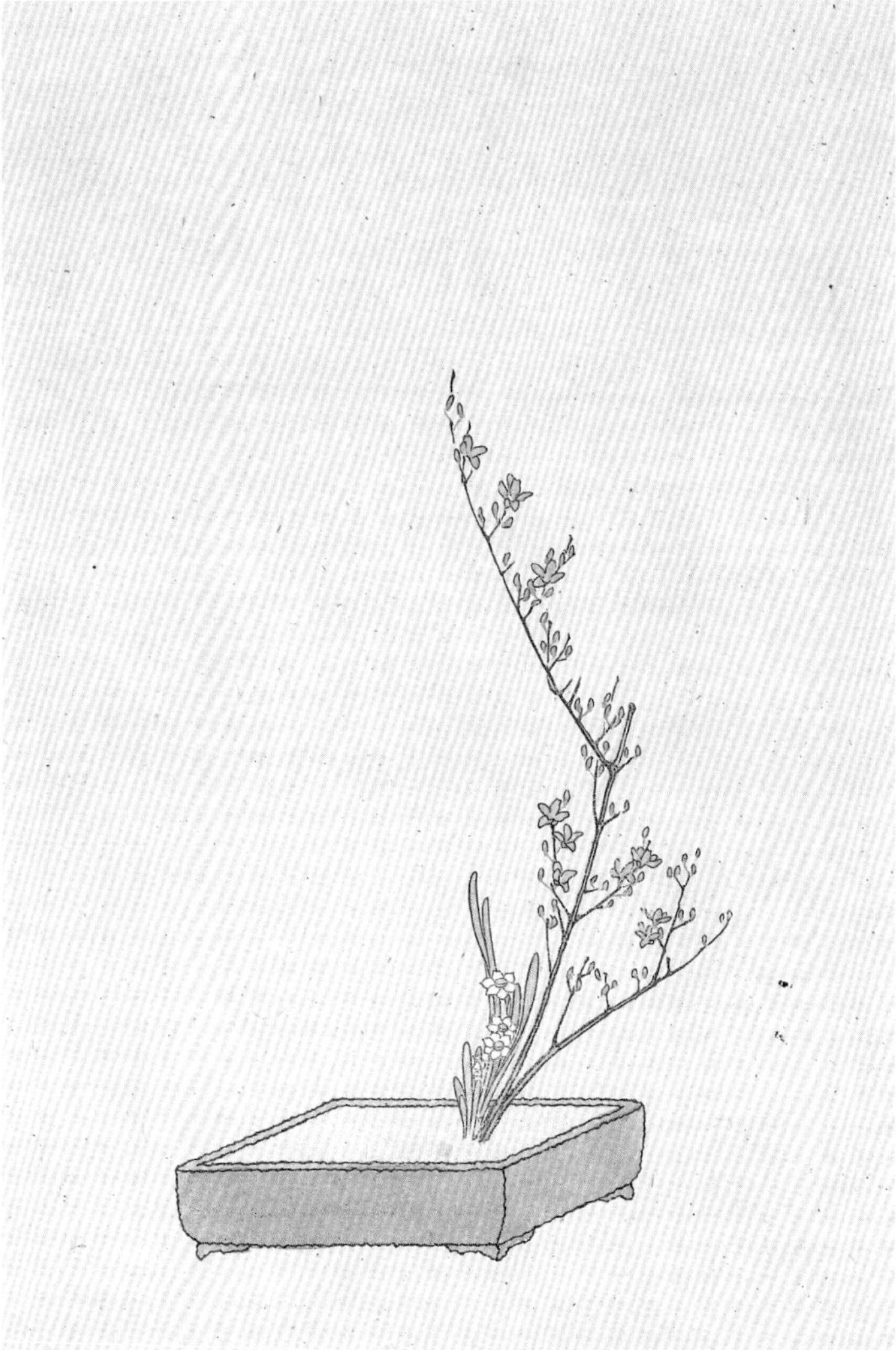

陽の花の連翹と、陰の花である水仙が取り合わされています。

春を待ちわび、喜びに満ち溢れた情景が目に浮かんできます。広口の器の水は、まさに水温む季節を表したものでしょう。

真の腰が高いように思われますが、かえって上方へ向かって成長しようとする姿勢を感じます。わずかに水仙の株が連翹と離れており、二株生のようにも見えます。

井上三郎

【三十八図】梅 椿

紅白の、祝賀の席の取り合わせです。

器にある龍の姿から、椿の開花のひねりと体真にかけてのうねり、そして一本にて真・副がとられた白梅のずわえへと昇天する一連の流れが昇り龍を描き出し、象徴的な表現となっています。

水際は株が分かれているのか、わずかな隙間が見えます。

倉田克史

【三十九図】

芦　燕子花

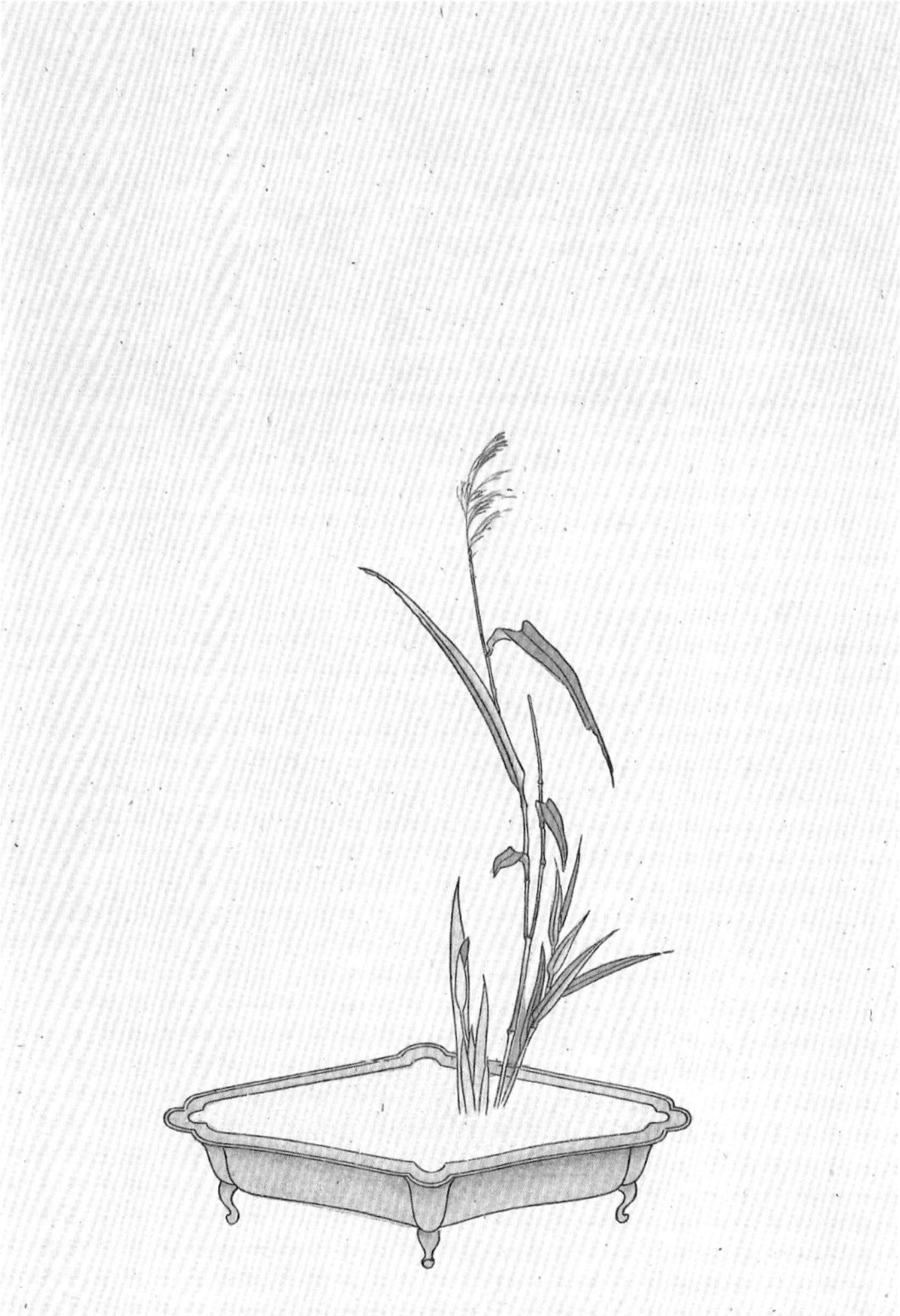

この花形を「魚道生」と呼び、広々とした水面を感じさせます。

すでに穂を見せた芦は波風に揺れた痕跡を見せていますが、新しく芽を吹く若枝が添えられ、さらに水面に出たばかりの燕子花が取り合わされています。

広い空間とそこにある時の経過、秋の澄み渡る青空や冷気すら感じられます。

柴田英雄

【四十図】狗子柳　小菊

花器に合わせるように太い幹の狗子柳を真とし、その腰を深くとりつつ、さらにそこから上方に立ち伸びる数本の小枝の姿に、優美なはずみが感じられます。副の一本の枝が広がりを見せ、水盤とのバランスを取っています。根〆の小菊は花を密にし、真に沿わせて伸びやかに、力強く入れられています。

瀬島弘秀

【四十一図】朝顔

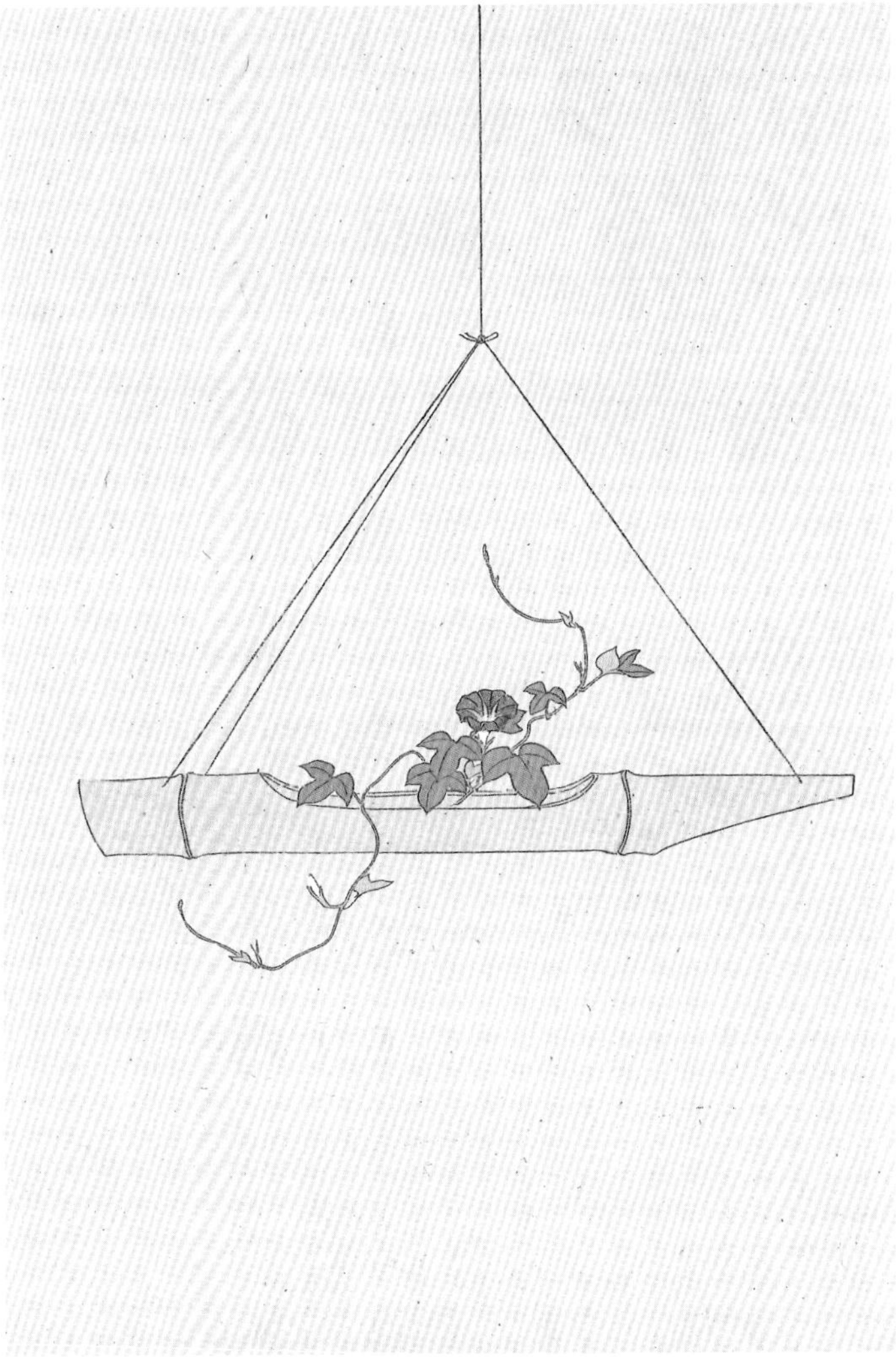

船の形の竹器に朝顔をいけた入船の作品です。朝顔は、夏に次々と咲き変わるのが浮世の変化を表しているようで、めでたい花とされています。

開花一輪、蕾一輪が鑑賞のポイントとなり、後の伝書にもそれが記されることとなります。蔓は弱々しいのですが、それでも空間に働こうとする姿勢が、命の響きを見るようです。

作品では、竹の穂などの支柱を使わず、自然なはずみを生かしています。

伊貝玉永

【四十二図】

梅擬　椿

紅白の取り合わせ、細身の花器とのバランスなど、品格に満ちた作品です。

真の枝の腰の美しさ、いったん曲を見せながら上方へ向かう程に細くなる幹の姿に、草木が成長する時を感じます。前副の幹には真より少し細い枝を用い、真の働きを美しく見せています。

梅擬は撓めが難しいので、よほど入念な花材の選択をしないと、このような姿に整えることはできません。

松永滋

【四十三図】水仙

陰の季節に咲き、清楚で上品な水仙。作品では、今日の葉組みとは異なり、真と副が三枚葉、体が四枚葉で構成されています。

実際、自然界の水仙は四枚葉以外でも花を咲かせているもので、純粋に美しく群れ咲く水仙の姿を一瓶に表したものなのでしょう。水際に見せる袴がないのも、土中にあることを暗示させているようです。

古川守彦

【四十四図】ほたるぐみ

出船、入船をいける場合、帆方と櫓方をはっきりさせますが、この作品には、風を受けて前に進む帆らしいものは見えず、逆に後方に進むような小さな帆が入れられていることに気付きます。大きく靡く枝と、その枝に沿うように曲がりを見せて小枝が短く立ち伸びる構成は、懸崖の生花と同様です。

この時代、船の姿と懸崖の姿がまだしっかりといけ分けられていなかったのかもしれません。

井上三郎

【四十五図】

南天　椿

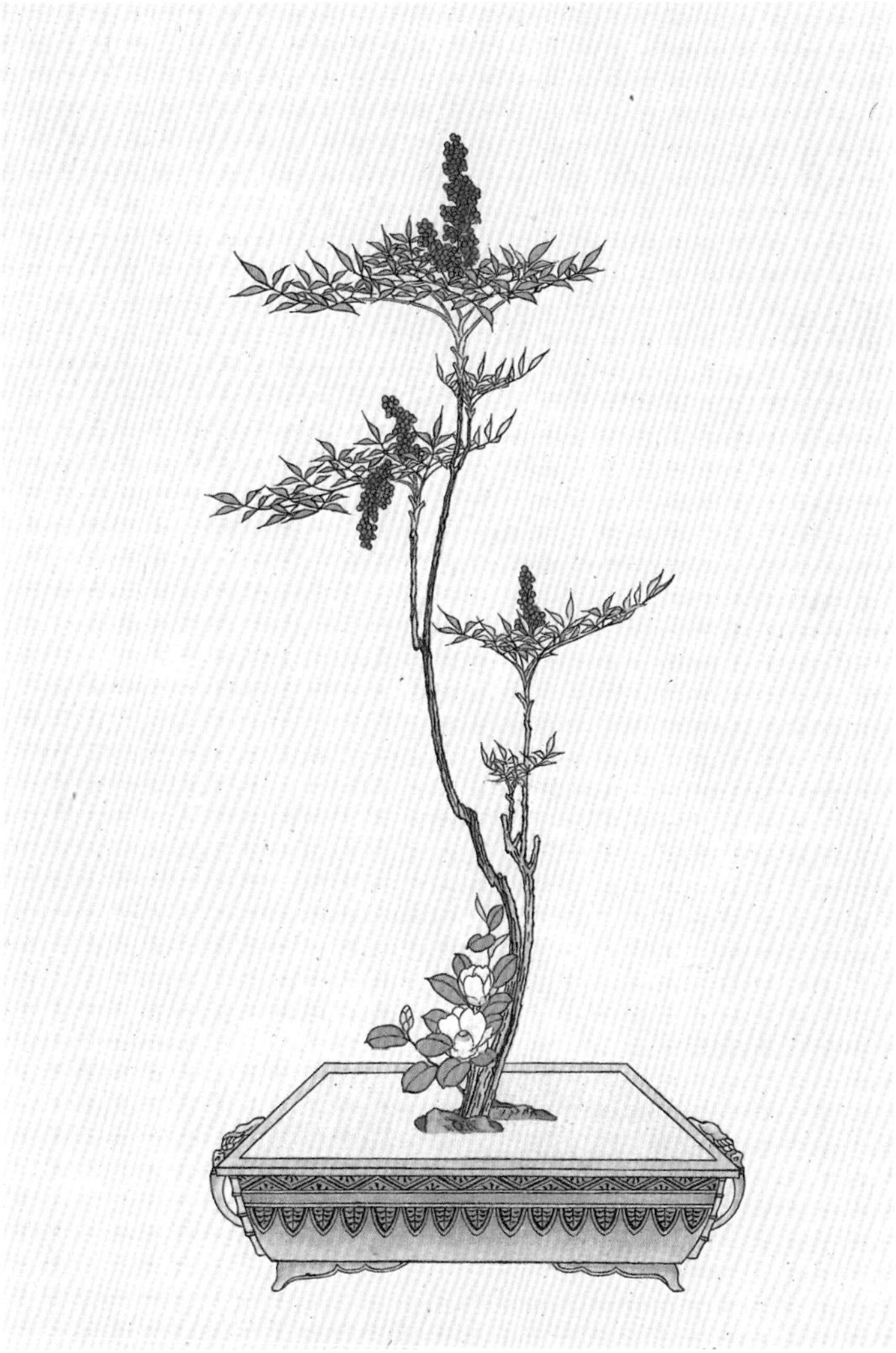

真の伸びやかな南天にやや低めの副を対応させ、真の伸びを強調しているかのようです。

赤色の南天の実との対比を考慮して白椿を低めに添え、根元に据えた二つの石も器のうちの演出として、見どころのある一作となっています。

柴田英雄

【四十六図】

柳　椿

枝垂柳に紅椿を根〆に添えた作品です。

枝垂柳は垂れ物の代表的な花材で、とりわけ置き生の柳は大樹の姿を抽象するため、一本の枝に柳の風情をよく見せ、椿、山茶花、菜の花などを根〆に添えて春の息吹を漂わせます。

柳の垂れ枝は諸《もろ》垂れとし、前後左右すべての枝先が垂れることになります。

東　勝行

【四十七図】にわとこ　寒菊

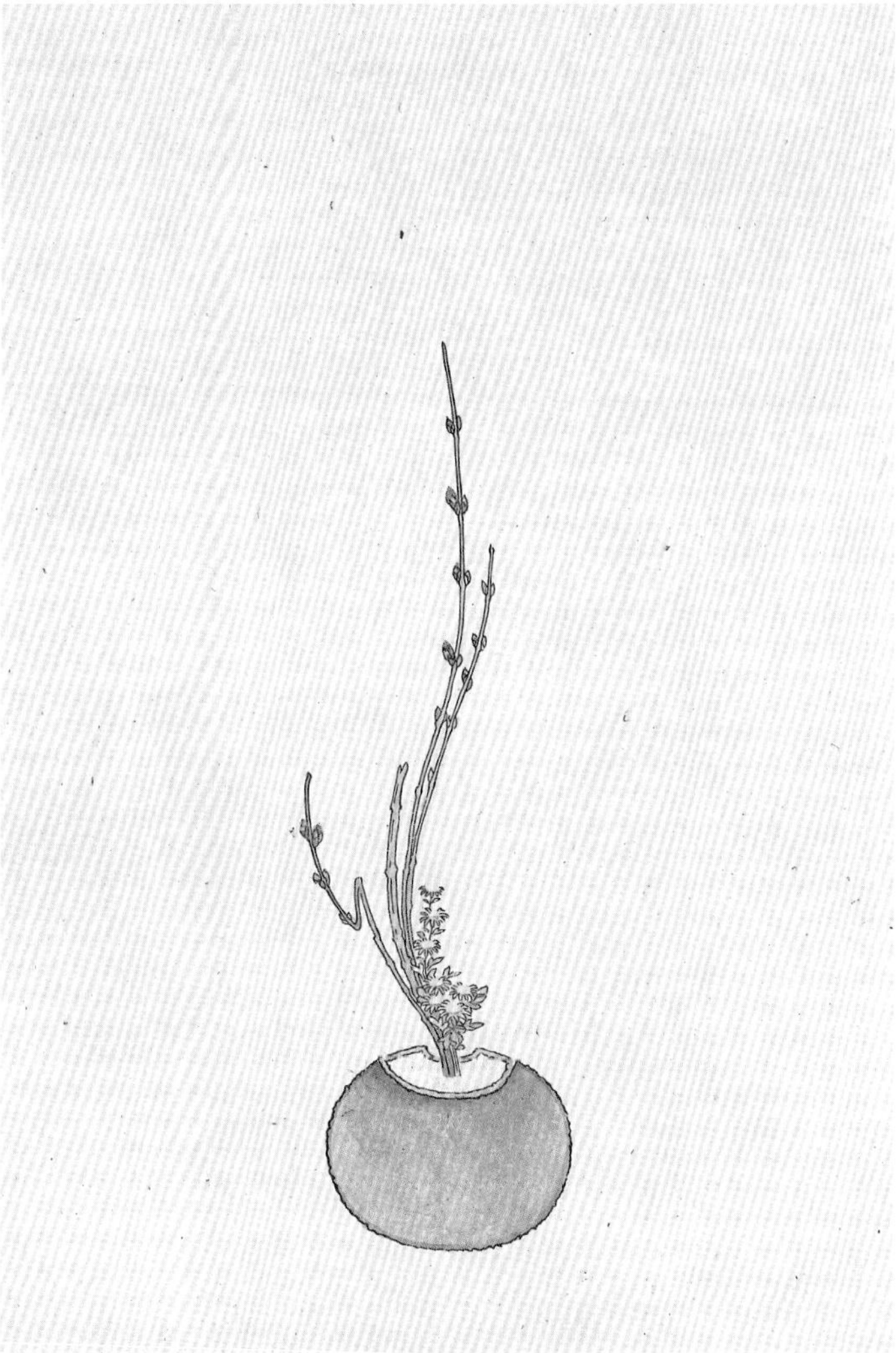

副を低く使い、真との間《ま》を大きく捉えています。
古木の力強さで真の勢いを増すと同時に、屈曲する風情ある姿の副に必然性を与えながら、陽方の空間へ波及する力を感じさせます。少ない枝数ですが、十分効果的です。
根〆の寒菊は作品に彩りを与え、水際を華やかに見せています。

竹内稔晴

【四十八図】

錦木　金盞花

真の錦木の低い位置に見える曲がった枝が特徴的です。交差する枝はつい切り落としてしまいそうですが、この枝の作る小さな空間が、錦木の出生をよく表しています。

副の分かれが低く思われますが、金盞花の働きに対し、真と副の空間がうまくバランスを取っています。

古代中国の器を思わせる荘重な花器が、作品を一層引き立たせています。

井上三郎

【四十九図】

狗子柳　菊

真の伸びやかなカーブは、命の発露そのもののように思われます。

副の一本に付き枝を持つ枝を用いることで破調とはずみを生み、命の鼓動すら聞こえてくるように思われます。下段に据えられた小菊も長短、粗密が計算し尽くされています。

柴田英雄

【五十図】

紅葉

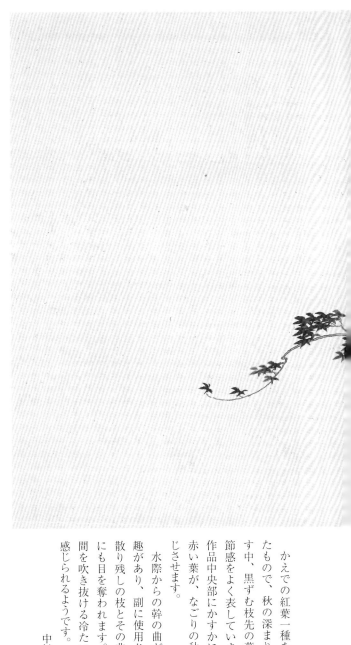

かえでの紅葉一種をいけたもので、秋の深まりが増す中、黒ずむ枝先の葉が季節感をよく表しています。作品中央部にかすかに残る赤い葉が、なごりの秋を感じさせます。

水際からの幹の曲がりに趣があり、副に使用された散り残しの枝とその曲がりにも目を奪われます。枝の間を吹き抜ける冷たい風が感じられるようです。

中村福宏

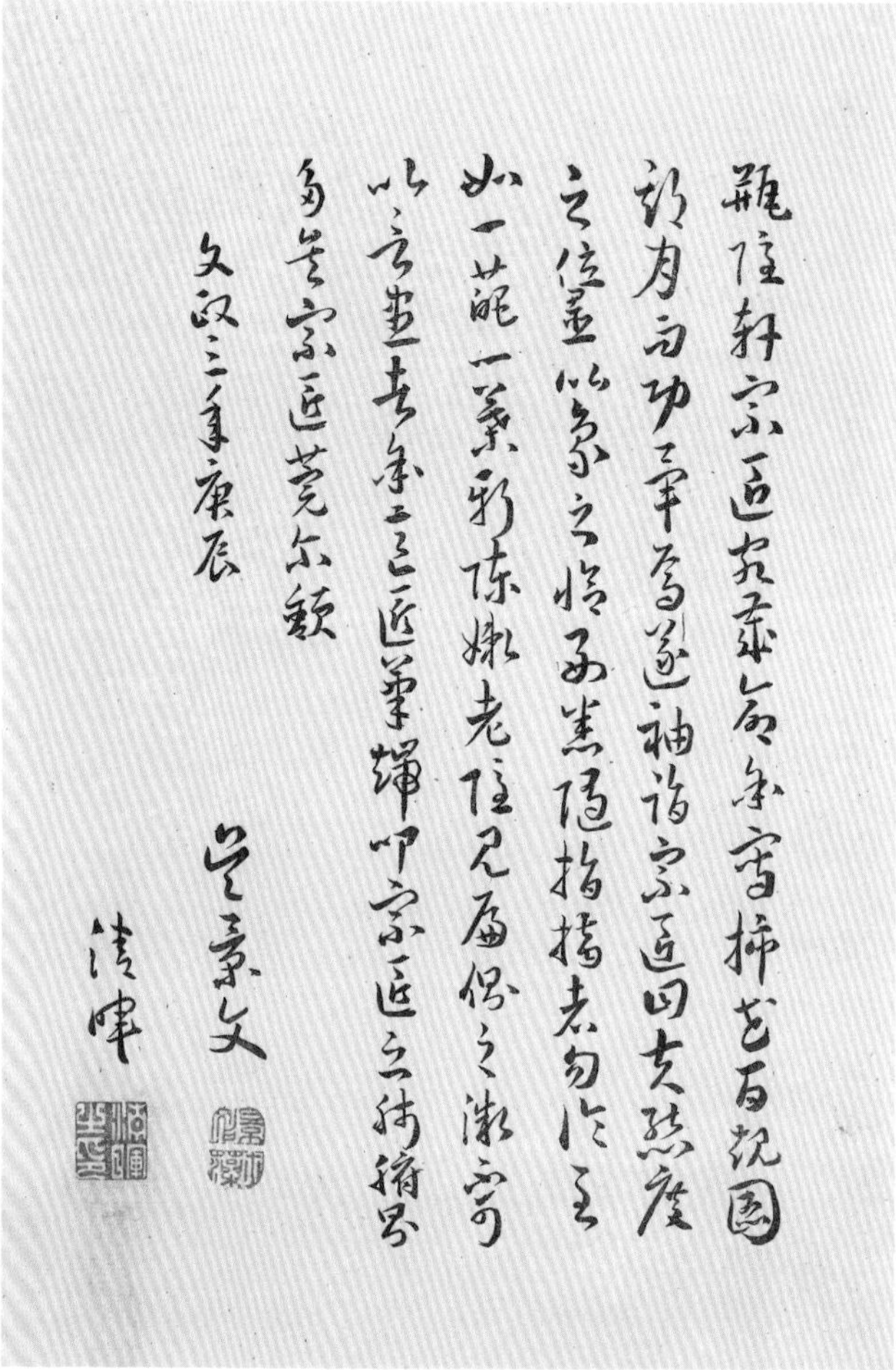

瓶隠軒宗匠究歳命余写挿花百規圖
期月而功畢焉遂袖諸宗匠因夫態慶
之位盡以象之臨好悉随指摘者勿於主
如一葩一葉新陳嫩老隠見扁側之瀕不可
以言畫者余意匠筆端叩宗匠之肺腑則
多矣宗匠莞尓頷

文政三年庚辰　　呉景文（印）

清暉（印）

資料：池坊専定が描いた草木

岸駒に絵の手ほどきを受けたという、専定直筆の草木図がいくつか残されています。
専定生花の理解を深めていただくため、ここにそれらをご紹介し、専定が草木に向けたまなざしを感じていただきたいと思います。

（『挿花百規を愉しむ　坤』にも数図収録）

「松之上の日の出」

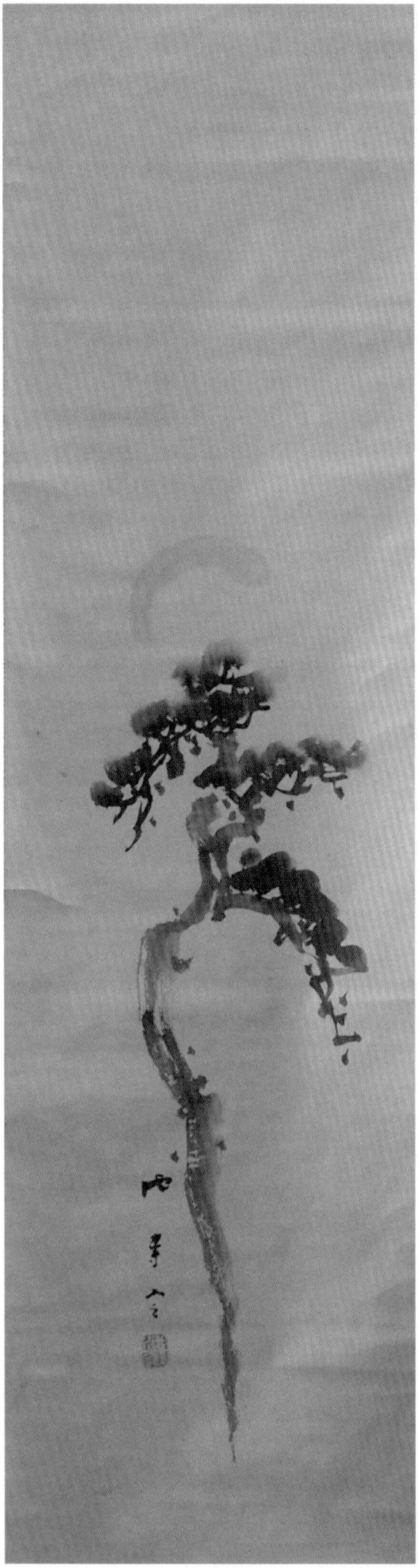

松が一本立ち、その向こうに薄く太陽が見えています。懸崖の松なのか、地面に立つ松なのかはっきりしませんが、立花の真に通じる凛とした空気が、その姿から感じられます。

静かに昇る太陽と、松の葉擦れの音が、清浄空間を作り出しています。

「竹図」

竹を、節印象的に見せ、その上下に生い茂る葉との粗密で、画面に変化を生んでいます。

墨のかすれで竹の艶を出し、葉一枚一枚が繊細に描かれています。勢いある筆の運びで、竹の伸びやかさを感じさせます。

「墨竹之図」

前ページの竹と同じく、画面左下から右上へ伸び立つ姿が描かれていますが、こちらは背後にかすんで見える竹や手前の筍が、竹林の奥行きを感じさせます。

墨の濃淡で丸みのある幹が立体的に描かれており、手慣れた筆致の中に確かな技術が見られます。

「梅に月図」

梅の梢から、ずわえが力強く伸びています。背後には月があり、狭い画面でありながら浩々《こうこう》たる空間を感じます。枝の老いたる部分と、勢い立つ若い部分が共存する梅の特徴をよく捉えており、今にもこぼれそうな梅の盛りの一瞬を切り取っています。

「梅図」

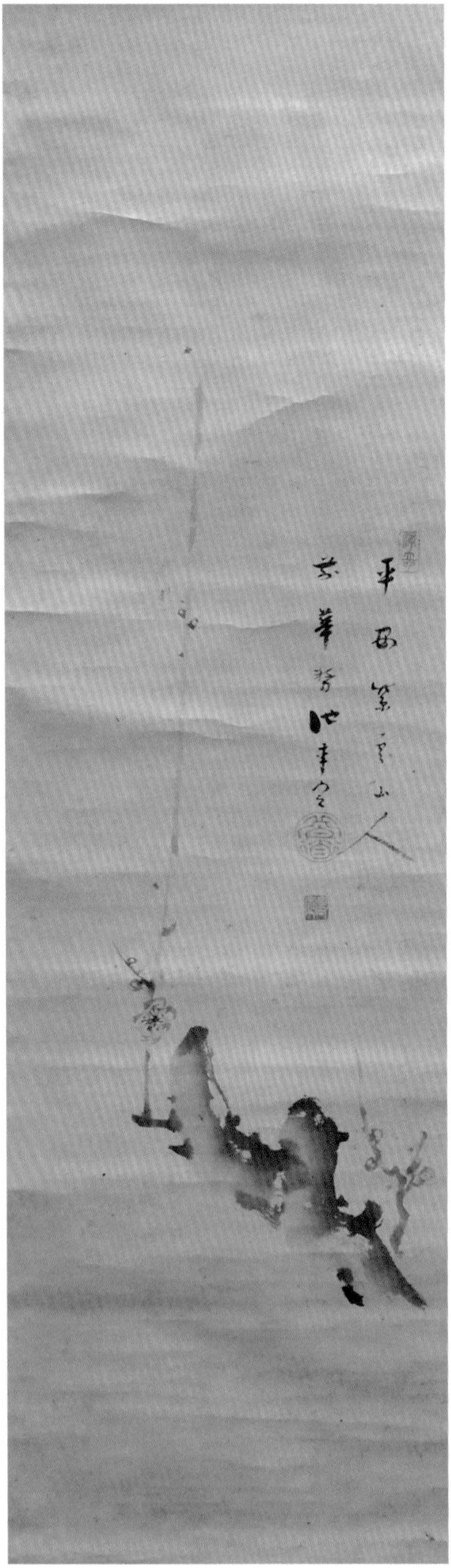

前ページの梅とは打って変わって、落ち着いた静かな絵です。構図は同じで、老いた幹が右から左へ流れ、ずわえが生花の真のように、わずかに中墨に戻りながら天を指しています。
花の数はわずかで、やがてくる暖かな日差しを待ちわびているようです。
閑寂なさまを「ひえた」と言うことがありますが、この絵にも通じるところがあります。

『挿花百規』解説

『挿花百規』は四十世池坊専定（一七六九〜一八三二）による、乾坤二冊からなる生花図集で、それぞれに五十図ずつ収録されています。

専定は、天明六年（一七八六）、三十九世専弘の遷化により急遽出家して住職と家元を継ぐことになり、文化十二年（一八一五）に隠退するまで精力的に活動しました。その在任中の功績としては、『新刻瓶花容導集』『百花式』『後百花式』の刊行、今日にも通じる伝書の整備、組織改編、幹作り技法の開発、そして天明の大火（一七八八）で焼失した本堂の再建を果たしています。

文化十四年（一八一七）、専定の隠退興行として「専定師一世納会」が京都・円山で開催されました。出瓶した門弟は、北は松前、南は薩摩までの全国に渡り、並んだ立花・生花の数は、二千四百瓶にも及んだといいます。さらに同年、『家元四十世　専定一代集』として「立華百瓶之図」「生花百瓶之図」の刊行が企画され、このうちの後者が文政三年（一八二〇）、『挿花百規』として刊行されました。なお「立華百瓶之図」については、何らかの理由により五十図で『専定瓶華図』名で刊行されました。

書名の『挿花百規』は「生花の百の規範」という意味であり、その由来は序文に記されていて、要約すると次のようになります。

このごろの花は規矩をおろそかにし、いたずらに技巧に走っている。そこで、ここに挿花百規を選び、池坊の花の規矩を示す。

当時は、一般町人にまで生花が普及しており、そのために多くの流派が乱立し、それぞれが独自性を出そうと技巧を凝らしていました。この状況に対し、立花の家でもある池坊は華道家元としての規範を示して正当性を主張するとともに、伝統的美感の回復を図りました。つまり、それほどまでに生花の乱れが大きかったとみられます。

では、『挿花百規』に示されている規範とはどのようなものなのでしょうか。絵図には、今日の生花正風体と同様の役枝が意識されている作品や、主となる草木とそれに呼応する枝葉により陰陽の関係を作り出している作品がありますす。従って、ここには守るべき型はまだ定まっておらず、技巧に走ることを戒めた序文の内容も併せ考えると、絵図に示される規範は型や技巧の先にあるもの、ということになります。

池坊専応は『池坊専応口伝』の序文で、いけばなの精神性を説きました。ここで専応が指摘したのは「草木の風興」「野山水辺をのづからなる姿」「よろしき面影」を捉え、これを一瓶の上に見せるのがいけばなであるということです。この教えは、代々の家元によって大切に受け継がれました。従って、『挿花百規』に示された規範もまた、『池坊専応口伝』の序文が語る、草木の持つ生命の輝きを表現する姿勢であり、型や技巧より優先される、命と向き合う「心の規範」なのです。

『挿花百規』に収録された数々の作品は、墨刷されたものに彩色が施されています。原図・彩色には専定の画友である松村景文と横山清暉が携わりました。

松村景文は、四条派の祖である呉春（松村月渓）の弟にして弟子で、花鳥画の写生を得意としました。師の画風を受け継ぎ、軽い筆致と柔らかな作風による掛け物は、床の装飾として人気が高かったといいます。また、横山清暉は松村景文の一番弟子と目され、幕末画壇の「平安四名家」と評されるほどでした。

専定自身もまた、絵画の才能を開花させた人物で、松村景文・横山清暉と同時代に活躍した岸派の祖、岸駒に技術を学びました。従って、自身や同派の絵師が『挿花百規』の絵を描くこともできたのですが、専定は、四条派の絵師に依頼しました。その背景に何があったのかは想像するしかありませんが、結果として岸派は衰退し、四条派は京都画壇の一大勢力として竹内栖鳳、上村松園、土田麦僊、堂本印象へ続いていきました。絵の優劣ではなく、池坊いけばな同様、時代に合わせて変化・発展をしていく可能性を四条派に見ていたのかもしれません。

『挿花百規』を鑑賞、学習するにあたり注意するべき点は、作品図のすべてが専定のいけたものではないという点です。専定は撰者であり、中には専定が生まれる前、あるいは幼少期に描かれた図から採用したものも含まれます。つまり、『挿花百規』は、生花の乱れを正すべく描かれた新しい生花ではなく、刊行までに培われてきた池坊生花の集大成とも言うべきものということになります。しかしこれは、当初『家元四十世　専定一代集』として編集が予定されていたものと目的・意図が異なります。自身一代の作品集としなかったのは、専定の思慮による判断ではなかったかと考えられます。

挿花百規を愉しむ　乾

二〇二〇年　八月　七日　第一版第一刷発行

発行者　池坊雅史
発行所　株式会社日本華道社
編　集　日本華道社編集部
〒六〇四-八一三四
京都市中京区六角通東洞院西入ル堂之前町一三五
電話　営業部075-223-0613
　　　編集部075-221-2687
デザイン・制作　朝日メディアインターナショナル株式会社
印刷・製本　図書印刷株式会社

ISBN978-4-89088-157-4